心一堂術數古籍珍本叢刊

書名：元祝垚地理辨正疏批論——寶照經
系列：心一堂術數古籍珍本叢刊　堪輿類　第三輯　339
作者：【清】元祝垚
主編、責任編輯：陳劍聰
心一堂術數古籍珍本叢刊編校小組：陳劍聰　素聞　鄒偉才　虛白盧主　丁鑫華

出版：心一堂有限公司
通訊地址：香港九龍旺角彌敦道六一〇號荷李活商業中心十八樓〇五—〇六室
深港讀者服務中心：中國深圳市羅湖區立新路六號羅湖商業大厦負一層〇〇八室
電話號碼：(852)9027-7110
網址：publish.sunyata.cc
電郵：sunyatabook@gmail.com
網店：http://book.sunyata.cc
淘寶店地址：https://sunyata.taobao.com
微店地址：https://weidian.com/s/1212826297
臉書：https://www.facebook.com/sunyatabook
讀者論壇：http://bbs.sunyata.cc/

版次：二零二一年四月初版
平裝

定價：港幣　九十八元正
新台幣　三百九十八元正

國際書號：ISBN 978-988-8583-78-2

香港發行：香港聯合書刊物流有限公司
地址：香港新界荃灣德士古道二二〇—二四八號荃灣工業中心十六樓
電話號碼：(852)2150-2100
傳真號碼：(852)2407-3062
電郵：info@suplogistics.com.hk
網址：http://www.suplogistics.com.hk

台灣發行：秀威資訊科技股份有限公司
地址：台灣台北市內湖區瑞光路七十六巷六十五號一樓
電話號碼：+886-2-2796-3638
傳真號碼：+886-2-2796-1377
網絡書店：www.bodbooks.com.tw
台灣秀威書店讀者服務中心：
地址：台灣台北市中山區松江路二〇九號一樓
電話號碼：+886-2-2518-0207
傳真號碼：+886-2-2518-0778
網絡書店：http://www.govbooks.com.tw

中國大陸發行　零售：深圳心一堂文化傳播有限公司
深圳地址：深圳市羅湖區立新路六號羅湖商業大厦負一層〇〇八室
電話號碼：(86)0755-82224934

心一堂微店二維碼

心一堂淘寶店二維碼

心一堂術數古籍 珍本整理 叢刊 總序

術數定義

術數，大概可謂以「推算（推演）、預測人（個人、群體、國家等）、事、物、自然現象、時間、空間方位等規律及氣數，並或通過種種『方術』，從而達致趨吉避凶或某種特定目的」之知識體系和方法。

術數類別

我國術數的內容類別，歷代不盡相同，例如《漢書・藝文志》中載，漢代術數有六類：天文、曆譜、五行、蓍龜、雜占、形法。至清代《四庫全書》，術數類則有：數學、占候、相宅相墓、占卜、命書、相書、陰陽五行、雜技術等，其他如《後漢書・方術部》、《藝文類聚・方術部》、《太平御覽・方術部》等，對於術數的分類，皆有差異。古代多把天文、曆譜、及部分數學均歸入術數類，而民間流行亦視傳統醫學作為術數的一環；此外，有些術數與宗教中的方術亦往往難以分開。現代民間則常將各種術數歸納為五大類別：命、卜、相、醫、山，通稱「五術」。

本叢刊在《四庫全書》的分類基礎上，將術數分為九大類別：占筮、星命、相術、堪輿、選擇、三式、讖諱、理數（陰陽五行）、雜術（其他）。而未收天文、曆譜、算術、宗教方術、醫學。

術數思想與發展——從術到學，乃至合道

我國術數是由上古的占星、卜筮、形法等術發展下來的。其中卜筮之術，是歷經夏商周三代而通過「龜卜、蓍筮」得出卜（筮）辭的一種預測（吉凶成敗）術，之後歸納並結集成書，此即現傳之《易

經》。經過春秋戰國至秦漢之際，受到當時諸子百家的影響、儒家的推崇，遂有《易傳》等的出現，原本是卜筮術書的《易經》，被提升及解讀成有包涵「天地之道（理）」之學。因此，《易・繫辭傳》曰：「易與天地準，故能彌綸天地之道。」

漢代以後，易學中的陰陽學說，與五行、九宮、干支、氣運、災變、律曆、卦氣、讖緯、天人感應說等相結合，形成易學中象數系統。而其他原與《易經》本來沒有關係的術數，如占星、形法、選擇，亦漸漸以易理（象數學說）為依歸。《四庫全書・易類小序》云：「術數之興，多在秦漢以後。要其旨，不出乎陰陽五行，生尅制化。實皆《易》之支派，傅以雜說耳。」至此，術數可謂已由「術」發展成「學」。

及至宋代，術數理論與理學中的河圖洛書、太極圖、邵雍先天之學及皇極經世等學說給合，通過術數以演繹理學中「天地中有一太極，萬物中各有一太極」（《朱子語類》）的思想。術數理論不單已發展至十分成熟，而且也從其學理中衍生一些新的方法或理論，如《梅花易數》、《河洛理數》等。

在傳統上，術數功能往往不止於僅僅作為趨吉避凶的方術，及「能彌綸天地之道」的學問，亦有其「修心養性」的功能，「與道合一」（修道）的內涵。《素問・上古天真論》：「上古之人，其知道者，法於陰陽，和於術數。」數之意義，不單是外在的算數、歷數、氣數，而是與理學中同等的「道」、「理」--心性的功能，北宋理氣家邵雍對此多有發揮：「聖人之心，是亦數也」、「萬化萬事生乎心」、「心為太極」。《觀物外篇》：「先天之學，心法也。……蓋天地萬物之理，盡在其中矣，心一而不分，則能應萬物。」反過來說，宋代的術數理論，受到當時理學、佛道及宋易影響，認為心性本質上是等同天地之太極。天地萬物氣數規律，能通過內觀自心而有所感知，即是內心也已具備有術數的推演及預測、感知能力；相傳是邵雍所創之《梅花易數》，便是在這樣的背景下誕生。

《易・文言傳》已有「積善之家，必有餘慶；積不善之家，必有餘殃」之說，至漢代流行的災變說及讖緯說，我國數千年來都認為天災，異常天象（自然現象），皆與一國或一地的施政者失德有關；下至家族、個人之盛衰，也都與一族一人之德行修養有關。因此，我國術數中除了吉凶盛衰理數之外，人心的德行修養，也是趨吉避凶的一個關鍵因素。

術數與宗教、修道

在這種思想之下，我國術數不單只是附屬於巫術或宗教行為的方術，又往往是一種宗教的修煉手段——通過術數，以知陰陽，乃至合陰陽（道）。「其知道者，法於陰陽，和於術數。」例如，「奇門遁甲」術中，即分為「術奇門」與「法奇門」兩大類。「法奇門」中有大量道教中符籙、手印、存想、內煉的內容，是道教內丹外法的一種重要外法修煉體系。甚至在雷法一系的修煉上，亦大量應用了術數內容。此外，相術、堪輿術中也有修煉望氣（氣的形狀、顏色）的方法；堪輿家除了選擇陰陽宅之吉凶外，也有道教中選擇適合修道環境（法、財、侶、地中的地）的方法，以至通過堪輿術觀察天地山川陰陽之氣，亦成為領悟陰陽金丹大道的一途。

易學體系以外的術數與的少數民族的術數

我國術數中，也有不用或不全用易理作為其理論依據的，如揚雄的《太玄》、司馬光的《潛虛》。也有一些占卜法、雜術不屬於《易經》系統，不過對後世影響較少而已。

外來宗教及少數民族中也有不少雖受漢文化影響（如陰陽、五行、二十八宿等學說。）但仍自成系統的術數，如古代的西夏、突厥、吐魯番等占卜及星占術，藏族中有多種藏傳佛教占卜術、苯教占卜術、擇吉術、推命術、相術等；北方少數民族有薩滿教占卜術；不少少數民族如水族、白族、布朗族、佤族、彝族、苗族等，皆有占雞（卦）草卜、雞蛋卜等術，納西族的占星術、占卜術，彝族畢摩的推命術、占卜術……等等，都是屬於《易經》體系以外的術數。相對上，外國傳入的術數以及其理論，對我國術數影響更大。

曆法、推步術與外來術數的影響

我國的術數與曆法的關係非常緊密。早期的術數中，很多是利用星宿或星宿組合的位置（如某星在某州或某宮某度）付予某種吉凶意義，并據之以推演，例如歲星（木星）、月將（某月太陽所躔之宮次）等。不過，由於不同的古代曆法推步的誤差及歲差的問題，若干年後，其術數所用之星辰的位置，已與真實星辰的位置不一樣了；此如歲星（木星），早期的曆法及術數以十二年為一周期（以應地支），與木星真實周期十一點八六年，每幾十年便錯一宮。後來術家又設一「太歲」的假想星體來解決，是歲星運行的相反，週期亦剛好是十二年。而術數中的神煞，很多即是根據太歲的位置而定。又如六壬術中的「月將」，原是立春節氣後太陽躔娵訾之次而稱作「登明亥將」，至宋代，因歲差的關係，要到雨水節氣後太陽才躔娵訾之次，當時沈括提出了修正，但明清時六壬術中「月將」仍然沿用宋代沈括修正的起法沒有再修正。

由於以真實星象周期的推步術是非常繁複，而且古代星象推步術本身亦有不少誤差，大多數術數除依曆書保留了太陽（節氣）、太陰（月相）的簡單宮次計算外，漸漸形成根據干支、日月等的各自起例，以起出其他具有不同含義的眾多假想星象及神煞系統。唐宋以後，我國絕大部分術數都主要沿用這一系統，也出現了不少完全脫離真實星象的術數，如《子平術》、《紫微斗數》、《鐵版神數》等。後來就連一些利用真實星辰位置的術數，如《七政四餘術》及選擇法中的《天星選擇》，也已與假想星象及神煞混合而使用了。

隨着古代外國曆（推步）、術數的傳入，如唐代傳入的印度曆法及術數，元代傳入的回回曆等，其中我國占星術便吸收了印度占星術中羅睺星、計都星等而形成四餘星，又通過阿拉伯占星術而吸收了其中來自希臘、巴比倫占星術的黃道十二宮、四大（四元素）學說（地、水、火、風），並與我國傳統的二十八宿、五行說、神煞系統並存而形成《七政四餘術》。此外，一些術數中的北斗星名，不用我國傳統的星名：天樞、天璇、天璣、天權、玉衡、開陽、搖光，而是使用來自印度梵文所譯的：貪狼、巨門、祿存、文曲，廉貞、武曲、破軍等，此明顯是受到唐代從印度傳入的曆法及占星術所影響。如星命術中的《紫微斗數》及堪輿術中的《撼龍經》等文獻中，其星皆用印度譯名。及至清初《時憲曆》，置閏之法則改用西法「定氣」。清代以後的術數，又作過不少的調整。

此外，我國相術中的面相術、手相術，唐宋之際受印度相術影響頗大，至民國初年，又通過翻譯歐西、日本的相術書籍而大量吸收歐西相術的內容，形成了現代我國坊間流行的新式相術。

陰陽學——術數在古代、官方管理及外國的影響

術數在古代社會中一直扮演着一個非常重要的角色，影響層面不單只是某一階層、某一職業、某一年齡的人，而是上自帝王，下至普通百姓，從出生到死亡，不論是生活上的小事如洗髮、出行等，大事如建房、入伙、出兵等，從個人、家族以至國家，從天文、氣象、地理到人事、軍事，從民俗、學術到宗教，都離不開術數的應用。我國最晚在唐代開始，已把以上術數之學，稱作陰陽（學），行術數者稱陰陽人。（敦煌文書、斯四三二七唐《師師漫語話》：「以下說陰陽人謾語話」，此說法後來傳入日本，今日本人稱行術數者為「陰陽師」）。一直到了清末，欽天監中負責陰陽術數的官員中，以及民間術數之士，仍名陰陽生。

古代政府的中欽天監（司天監），除了負責天文、曆法、輿地之外，亦精通其他如星占、選擇、堪輿等術數，除在皇室人員及朝庭中應用外，也定期頒行日書、修定術數，使民間對於天文、日曆用事吉凶及使用其他術數時，有所依從。

我國古代政府對官方及民間陰陽學及陰陽官員，從其內容、人員的選拔、培訓、認證、考核、律法監管等，都有制度。至明清兩代，其制度更為完善、嚴格。

宋代官學之中，課程中已有陰陽學及其考試的內容。（宋徽宗崇寧三年〔一一零四年〕崇寧算學令：「諸學生習……並曆算、三式、天文書。」「諸試……三式即射覆及預占三日陰陽風雨。天文即預

定一月或一季分野災祥，並以依經備草合問為通。」

金代司天臺，從民間「草澤人」（即民間習術數人士）考試選拔：「其試之制，以《宣明曆》試推步，及《婚書》、《地理新書》試合婚、安葬，並《易》筮法，六壬課、三命、五星之術。」（《金史》卷五十一・志第三十二・選舉一）

元代為進一步加強官方陰陽學對民間的影響、管理、控制及培育，除沿襲宋代、金代在司天監掌管陰陽學及中央的官學陰陽學課程之外，更在地方上增設陰陽學課程（《元史・選舉志一》：「世祖至元二十八年夏六月始置諸路陰陽學。」）地方上也設陰陽學教授員，培育及管轄地方陰陽人。（《元史・選舉志一》：「（元仁宗）延祐初，令陰陽人依儒醫例，於路、府、州設教授員，凡陰陽人皆管轄之，而上屬於太史焉。」）自此，民間的陰陽術士（陰陽人），被納入官方的管轄之下。

至明清兩代，陰陽學制度更為完善。中央欽天監掌管陰陽學，明代地方縣設陰陽學正術，各州設陰陽學典術，各縣設陰陽學訓術。陰陽人從地方陰陽學肄業或被選拔出來後，再送到欽天監考試。（《大明會典》卷二二三：「凡天下府州縣舉到陰陽人堪任正術等官者，俱從吏部送（欽天監），考中，送回選用；不中者發回原籍為民，原保官吏治罪。」）清代大致沿用明制，凡陰陽術數之流，悉歸中央欽天監及地方陰陽官員管理、培訓、認證。至今尚有「紹興府陰陽印」、「東光縣陰陽學記」等明代銅印，及某某縣某某之清代陰陽執照等傳世。

清代欽天監漏刻科對官員要求甚為嚴格。《大清會典》「國子監」規定：「凡算學之教，設肄業生。滿洲十有二人，蒙古、漢軍各六人，於各旗官學內考取。漢十有二人，於舉人、貢監生童內考取。附學生二十四人，由欽天監選送。教以天文演算法諸書，五年學業有成，舉人引見以欽天監博士用，貢監生童以天文生補用。」學生在官學肄業、貢監生肄業或考得舉人後，經過了五年對天文、算法、陰陽學的學習，其中精通陰陽術數者，會送往漏刻科。而在欽天監供職的官員，《大清會典則例》「欽天監」規定：「本監官生三年考核一次，術業精通者，保題升用。不及者，停其升轉，再加學習。如能黽勉供職，即予開復。仍不及者，降職一等，再令學習三年，能習熟者，准予開復，仍不能者，黜退。」除定期考核以定其升用降職外，《大清律例》中對陰陽術士不準確的推斷（妄言禍福）是要治罪的。《大清律例・一七八・術七・妄言禍福》：「凡陰陽術士，不許於大小文武官員之家妄言禍福，違者杖一百。其依經推算星命卜課，不在禁限。」大小文武官員延請的陰陽術士，自然是以欽天監漏刻科官員或地方陰陽官員為主。

官方陰陽學制度也影響鄰國如朝鮮、日本、越南等地，一直到了民國時期，鄰國仍然沿用着我國的多種術數。而我國的漢族術數，在古代甚至影響遍及西夏、突厥、吐蕃、阿拉伯、印度、東南亞諸國。

術數研究

術數在我國古代社會雖然影響深遠，「是傳統中國理念中的一門科學，從傳統的陰陽、五行、九宮、八卦、河圖、洛書等觀念作大自然的研究。……傳統中國的天文學、數學、煉丹術等，要到上世紀中葉始受世界學者肯定。可是，術數還未受到應得的注意。術數在傳統中國科技史、思想史，文化史、社會史，甚至軍事史都有一定的影響。……更進一步了解術數，我們將更能了解中國歷史的全貌。」（何丙郁《術數、天文與醫學中國科技史的新視野》，香港城市大學中國文化中心。）

可是術數至今一直不受正統學界所重視，加上術家藏秘自珍，又揚言天機不可洩漏，「（術數）乃吾國科學與哲學融貫而成一種學說，數千年來傳衍嬗變，或隱或現，全賴一二有心人為之繼續維繫，賴以不絕，其中確有學術上研究之價值，非徒癡人說夢，荒誕不經之謂也。其所以至今不能在科學中成立一種地位者，實有數因。蓋古代士大夫階級目醫卜星相為九流之學，多恥道之；而發明諸大師又故為惝恍迷離之辭，以待後人探索；間有一二賢者有所發明，亦秘莫如深，既恐洩天地之秘，復恐譏為旁門左道，始終不肯公開研究，成立一有系統說明之書籍，貽之後世。故居今日而欲研究此種學術，實一極困難之事。」（民國徐樂吾《子平真詮評註》，方重審序）

現存的術數古籍，除極少數是唐、宋、元的版本外，絕大多數是明、清兩代的版本。其內容也主要是明、清兩代流行的術數，唐宋或以前的術數及其書籍，大部分均已失傳，只能從史料記載、出土文獻、敦煌遺書中稍窺一鱗半爪。

術數版本

坊間術數古籍版本，大多是晚清書坊之翻刻本及民國書賈之重排本，其中豕亥魚魯，或任意增刪，往往文意全非，以至不能卒讀。現今不論是術數愛好者，還是民俗、史學、社會、文化、版本等學術研究者，要想得一常見術數書籍的善本、原版，已經非常困難，更遑論如稿本、鈔本、孤本等珍稀版本。在文獻不足及缺乏善本的情況下，要想對術數的源流、理法、及其影響，作全面深入的研究，幾不可能。

有見及此，本叢刊編校小組經多年努力及多方協助，在海內外搜羅了二十世紀六十年代以前漢文為主的術數類善本、珍本、鈔本、孤本、稿本、批校本等數百種，精選出其中最佳版本，分別輯入兩個系列：

一、心一堂術數古籍珍本叢刊

二、心一堂術數古籍整理叢刊

前者以最新數碼（數位）技術清理、修復珍本原本的版面，更正明顯的錯訛，部分善本更以原色彩色精印，務求更勝原本。并以每百多種珍本、一百二十冊為一輯，分輯出版，以饗讀者。

後者延請、稿約有關專家、學者，以善本、珍本等作底本，參以其他版本，古籍進行審定、校勘、注釋，務求打造一最善版本，方便現代人閱讀、理解、研究等之用。

限於編校小組的水平，版本選擇及考證、文字修正、提要內容等方面，恐有疏漏及舛誤之處，懇請方家不吝指正。

心一堂術數古籍 珍本 整理 叢刊編校小組

二零零九年七月序

二零一四年九月第三次修訂

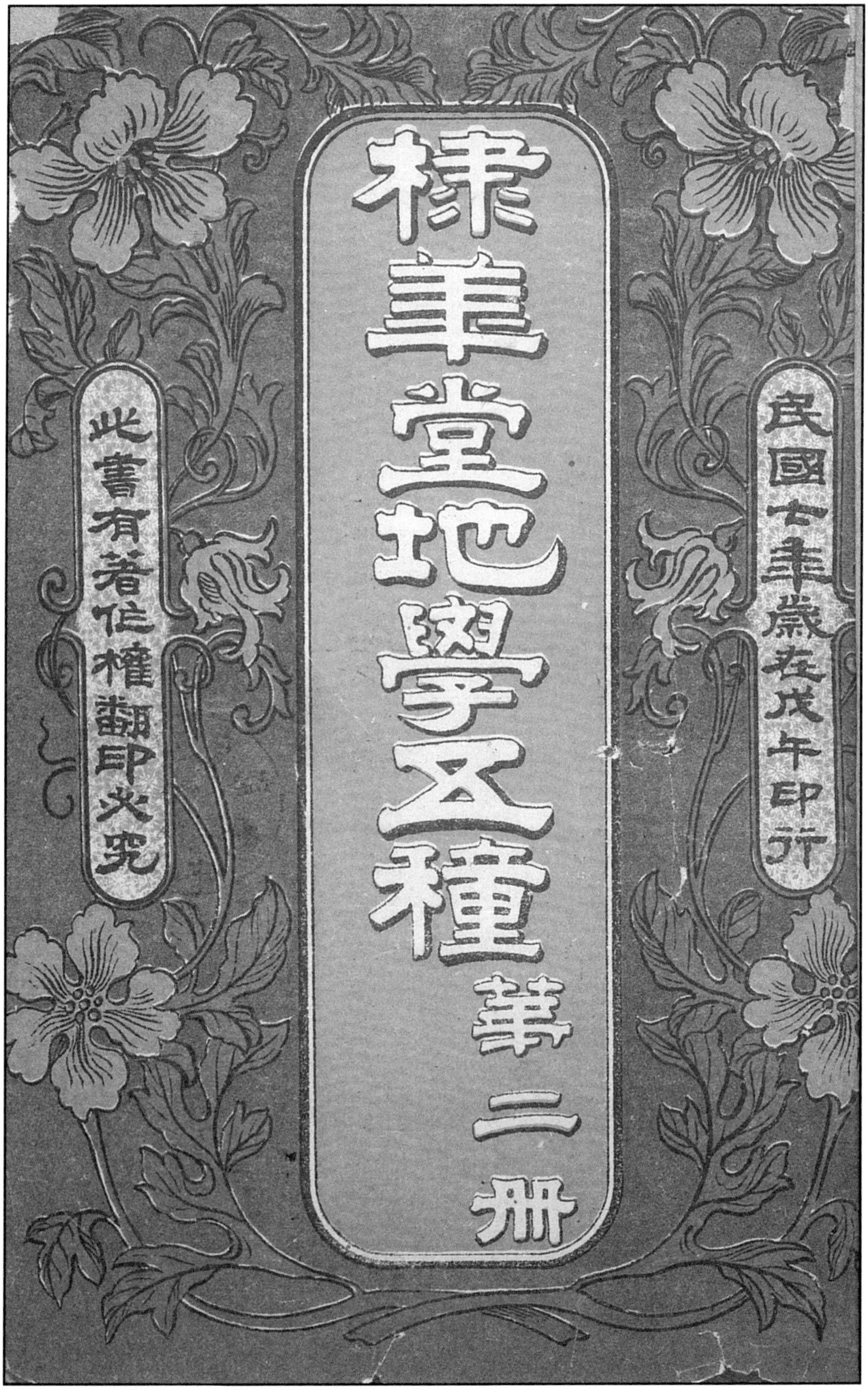
民國七年歲在戊午印行
棣華堂地學五種
第二冊
此書有著作權翻印必究

寶照經

棣華堂地學五種卷之六

靜海又元子元祝垚皡農氏述著　文安甥男靳之炘筱園參讀
同　里張松泉蔭洲氏參閱　大城門人傅榮昌光遠校字

地理辨正疏批論

都天寶照經

唐楊益筠松著　雲間蔣平階大鴻傳
海塩張心言綺石疏補註

上篇

楊公妙應不多言。實實作家傳人生。禍福由天定。賢達能安命。補註即葬經力小圖大為一凶之意貧賤安墳富貴興。全憑龍穴真。龍在山中不出山。掛在大山間。若是沙曲星辰正。收得陽神定。斷然一葬便興隆。父發子傳榮。

陽神謂水也。山龍不重水。今言收得陽神定者。到頭結穴。必有兩水合襟。亦當以尅入收之。

傳 此一節專論深山出脈老龍幹氣生出嫩支之穴

好龍脫劫出平洋百十里來長離祖離宗星辰出此是真龍骨前途節節出兒孫文武脈中分直見大溪方住手諸山皆不走個個回頭向穴前城郭要周完水口亂石堆水中此地出豪雄若得遠來龍脫劫發福無休歇穴見陽神三揖朝此地出官僚（此字指三揖水言）不問三男并五子富貴房房起津湖溪澗同此看（大水大河齊到）（聚滙與津溪澗同例此數句皆承穴見二字說來）衣祿榮華斷大水大河齊到處千里來龍住水口羅星鎖住門似大將屯軍落頭定有一星形非火土即金正脈落平三五里見水方能止二水相交不用砂只要石如

此又言陽神三揖朝可見山穴不是一定不論水此句重在穴見二字只要在穴上一望能見之水則不可不論若望之不見雖有水不必論矣若三揖之水在穴上俱可顯見則局面甚大甚顯故出官

麻更看硤石高山鎖密來包裹此是單州大地形
細說與君聽

傳 此一節專言大幹傳變行龍盡結之穴謂之脫劫龍又名出洋龍雖云城郭要周完總之城郭都在龍身上見不必於穴上見蓋龍到脫劫出洋雖衆山擁衛而行前數節羣支翼張羽儀簇簇至於幾經脫卸之後近身數節將結穴時龍之蹤跡愈變而龍之機勢愈疾此非左右二砂所能幾及往往龍只單行譬之大將匹馬單刀所向無前一時偏裨小校都追从不及所以有不用砂之說也高山不甚重水獨此等

條且房房皆發也
大龍脫落平洋結穴故名脫劫名出洋
城郭周完何以知其在龍身上見因下文有二水相交不用砂句則此自是行龍路上的城郭大龍出脈前行衆山擁護往往有結數處城郭而不往者凡此皆大貴龍也蔣傳云幾經脫卸近身數節將結穴時龍之蹤跡愈變而龍機勢愈疾非左右二砂所能幾及往往龍只單行云云此一段寫得龍之精神勃不可遏非蔣子之筆達不出非能識真龍亦說不到也
不用砂非真無砂也既有兩

水相交則砂自在水外蓋穴既落於平洋若左右有大高龍虎蟠穴則穴必不真今只言兩水相交則水外高處即是龍虎豈真不用砂哉

此外纏夾輔等砂多是行龍來時半路所置及至穴上則四圍層層包裹其實只是龍身來時自帶之物到此望之又開面內向也

龍穴以水爲證者何與山剛水柔水隨山之行以爲行山不隨水之止以爲止而云直見大溪方住者非謂山脈遇水而止也正因山脈行時水不得不與之（胸有主持自然娓娓之談皆中肯綮）俱行則山脈息時水不得不與之俱息故幹龍大盡之地自然兩水交環有似乎千里來龍遇水而止也（說理確切而明透）既云不用砂而又云密密包裹者何也（我也要問）夫結穴之處（此是一定之理）雖不取必於兩砂齊抱要之真龍憩息之際定不孤行外纏夾輔隱隱相從水口星辰有時出見大爲硤石小爲羅星近在數里遠之二三十里皆不可拘前所謂砂指本身龍虎而言後所謂鎖指外護捍門而

大龍過峽往往不見蹤跡故有草蛇灰線鋪毯引繩穿泥渡水等名而法眼見之即知其確從此過而無所少格者以石為證也蓋龍當斷處雖無蹤跡可尋而此星遠映彼星中間無脈總時時有石稜出現縱無石稜其下掘之必有石脉此方可稱為法眼不但過峽為然及至落平結穴必見石方為真穴也

言也只要石如麻則不止謂水口而已正言本身結穴之地蓋幹龍剝換數十節其渡水崩洪穿田過峽不止一處若非石骨龍行何以見真龍結體今人見平地墪阜誤認來龍指為大地正坐此弊也凡去山數里即有高阜或由人工或出天造既無真脈相連又不見石骨稜起總不謂之龍穴所以落平之龍重起星辰必要石如麻也有石脈乃為真龍有石穴乃為真穴山龍五星皆結穴其云落頭一星獨取火土金者大約近祖支龍兜蜒而下都結水木出洋幹結踴躍而起都作火土金雖不可盡拘而大體有如是

龍穉局窄山水近應故速龍老局寬山水遠應故遲而久長

楊公於指示山龍之後發明平洋龍格開口大聲急呼正告天下曰你們豈不眼見天下軍州總住空乎又何曾撐着後頭龍也不撐後龍將用何法以取龍遂教以取之之法曰只向水神朝處取則真龍自在對面矣假如有水遠

者前章一葬便興父發子榮是言山中支結龍穉而局窄往往易發此章言發福無休歇五子房房起是言出洋大盡龍老而局寬往往遲發而久長意在言表也

姜氏曰前章言山谷初落之穴此言出洋盡結之穴山龍之法雖不盡於此而大略已備於此矣

天下軍州總住空何曾撐着後頭龍只向水神朝處取莫說後無主立穴動靜中間求須看龍到頭

傳此節以下皆發明平洋龍格與山龍無涉矣楊公唐末人唐之言軍州猶今之言郡縣也蓋以軍州爲

光或大幹生枝入口或一道單纏放寬閒口或聚滙出口皆為水神朝處認定此處回頭再看此處正對面即為真龍此所謂江南龍來江北望水來當面是真龍也但如此取龍無形可見誰其信之故又提醒之曰如此取龍寔有真龍來應莫說後無主也水動物也龍靜物也一動一靜兩相交感而穴在其中矣此便是龍之到頭也

證見城邑鄉村人家墓宅凡落平洋並不論後龍來脈但取水神朝繞便為真龍憩息之鄉夫地靜物也水動物也水之所止即是地脈所鍾（即是二字下得斬丁截鉄言見水之止即無庸另去尋龍即此即是矣）一動一靜之間陰陽交媾雌雄牝牡化育萬物之源所謂无窮數相通即丹家元關一竅也（又說到丹家以見地學非小術）此便是龍之到頭非舍陰陽交會之所而別尋龍之到頭也識得此竅則知平洋真龍訣法（真龍訣法如是如是）而楊公寶照之秘旨盡矣【傳】看龍到頭有口訣【疏】口訣見首卷

按曾序以水對三叉細認蹤指示對水認龍訣法已為至明至顯然地形變幻難以一格相拘或有一道纏來無三叉之可認由來直入寓三叉之來情若僅

坍男之炘謹按曾序說三叉是由幹分枝之龍抽嫩正結之地楊公言只向水神朝處取是兼大龍正結單龍巧結並借湊之局而言之言簡義該一語總括其全也

張蔭洲曰不拘定於三叉於前之則無非三叉只要關湊透光一處獨見非三義亦三叉矣惟此透光獨見者必在龍水宮神若遠在照神則公水非獨我有龍骨不真矣

拘曾序所言則地形之不一者不將取龍無據乎楊公於此說出只向水神朝處取一語則言中之意包括甚廣是不必拘定三叉凡見有一水向此有情或直節透光或窩聚瀦蓄或窄處逢寬或圓來方折或他處皆小此處獨大或他處皆狹而長此處獨寬而短或他處皆暗藏纏抱此處獨明顯停留是皆可以三叉識門例之也果見一地局面整齊舉眼四望但見有一水透光即從此定卦然後配合山向以立穴是不必拘定三叉而其理則無非三叉也

楊公妙訣無多說因見黃公心性拙全憑掌上起星

將九星排在六十四卦上作為掌訣名曰挨星
分水脈脊四字是混人眼目之詞平龍不取分水不取脈脊但是來水轆折之處即目為過峽而借喻言之為分水脈脊也

非真傳口授未許執語言文字妄談八卦九星之理蔣子已屢屢言之何竟妄作偽書以禍世耶

辰類聚裝成爲妙訣大山嗔作破軍星五星所聚脈難分但看出身一路脈到頭要分水土金又從分水脈脊處便把羅經照出路節節同行過峽眞前去必定有好處子字出脈子字尋莫教差錯丑與壬【補註】左丰子字統於癸爲復頤屯益四卦屬震宮右丰子字統於壬爲觀比剝坤四卦屬坤宮此指子癸而言故不可雜丑與壬也若是陽差與陰錯【補註】左雜右爲陰錯右雜左爲陽差勸君不必費心尋

【傳】自此章以下皆楊公平洋祕訣字字血脈而又字字隱謎非眞得口口相傳天機妙訣者未許執語言文字方寸羅經而妄談二十四山八卦九星之理也

屈曲為水星方折為土星圓轉為金星合此星體則龍脈出身為吉

平洋見有一條長水看其折轉處是何卦路如節節合卦不犯差錯則名之為過峽真往前必結好穴如遇駁雜則行龍已無可取何必費力尋之

苟得口傳心受則雖愚夫稚子可悟楊公心訣不得口傳心受縱智過千夫讀破萬卷何能道隻字耶此書乃楊公當日裝成掌訣傳與黃居士妙應者大山嗔作破軍星有水法渙散迷茫之處五星混雜出脈未見分明概名之曰破軍而不入龍格只取龍神一路出身之脈其脈又分水土金三星合貪巨武為吉而餘星皆所不取此三星者乃形局之星非卦爻方位之貪巨武也學者切莫誤認自分水脈脊以下乃屬方位理氣矣故云便把羅經照出路也蓋看得水神龍脈既合三吉星格其地似可取裁乃將指南辨

子字出脈等句只是在一卦之內

此下三節指明天地人三元卦格取父母輔星共成五吉。

其方位以定卦之合不合也合卦則用之不合卦仍未可用也節節同行卦無偏雜乃許其為過峽脈真而知前去定有好穴不然則行龍先見駁雜到頭何處剪裁字字以下乃直指看龍訣法而舉坎卦一卦為例若出脈是子字須行龍只在子字一宮之內乃為卦氣清純如偏於左而癸與丑雜是子癸一卦而丑字又犯一卦也如偏於右而壬與亥雜是壬子一卦而亥字又犯一卦也此為卦中之陽差陰錯非全美之龍故云不必費心尋也。

子癸午丁天元宮卯酉乙辛一路同。[補註]取癸旁之子丁旁之午卯

殊為用卦精微之旨因不肯說明六十四卦故費許多周折章得補註指示方得不入迷途亦吾人之幸也

楊公既秘六十四卦不傳為作傳者亦焉可輕易洩之蔣傳說出元空大卦又說此四支中有天元龍者存也可見不是此四支即為天元龍而三元偽書乃仍以四支為天元龍亦不善讀書之甚者矣

旁之乙酉旁之辛指復姤節旅四卦以例其餘凡交通初交為天元中交為人元上交為地元交通初上兩交為人元初中兩交為地元中上兩交為天元天地人三元非上中下三元之謂也

若有山水一同到半穴乾坤艮巽宮【補註】不拘山與水其到時或在子癸夾縫午丁夾縫為大過頤二卦便非純乎天元而雜四偶之氣矣乙辛同例

取得輔星成五吉【補註】如龍在八兼二為輔星一為弼星又為貪狼龍在二兼八為輔星九為弼星又為貪狼餘倣此

山中有此是真龍

【傳】此承上節羅經照過峽詳言方位理氣即天玉元空大卦之作用也其法分子午卯酉為天元宮寅申巳亥為人元宮辰戌丑未為地元宮隱然天元之妙理引而不發欲使學者得訣方悟其敢妄洩天秘犯

補註云。此指復姤節旅四卦。以例其餘。復在近癸之子半。姤在近丁之午半。節在近卯之乙半。旅在近酉之辛半。故傳曰同中有異。若子與癸。午與丁。乙與卯。辛與酉。並肩同到。其中則有大過頤損咸四隅之卦在內矣。

造物之忌哉。此取四仲之支為天元宮者。非此四支
此句指明非真以四支為天元宮
皆屬天元。乃謂此四支之中有天元龍者存也。而其
蔣傳總以不說之說為說。故非細心人不能讀其書
本文又不正言子午卯酉乙辛丁癸。必錯舉子癸午
亦非明眼人不能察其意
丁卯乙酉辛者。此其互文之法。已備出脈審峽定卦
分星之密旨。觀一路同三字。同中微異。【疏】經文上句
謂子不可雜
癸。午不可雜丁。下句謂乙不可雜卯。辛不
可雜酉。一取天干。一取地支。其微異處也。須加剖別。
已在言外。下文乃全露其機。云此八宮同到半。乾
坤艮巽宮矣。一同到。非謂此八宮一同到也。亦非謂
八宮之山。與八宮之水。一同到也。謂此四支中任舉
一支。與此四干中一干。比肩同到。即雜乾坤艮巽之

氣矣。蓋子午卯酉本是四正之龍。[疏]姤復節旅宮屬四隅，謂之四正，指外三爻而言也。而與八干同到，即有一半四隅之龍。不可不辨，辨之不清，則欲取天元而非純乎天元矣。末二句輔星五吉，指天元宮最清者言。蓋天元龍雖包諸卦，而九星止有三吉。[疏]本卦之父母為三吉。恐日久發洩太盡，末祚衰微，故須兼收輔弼宮龍神。[疏]此節論八運，二曰輔，一曰弼，而一即為貪狼。合氣入穴，以成五吉。[疏]蓋本卦必有父母，更兼輔弼，合成五吉，然後一元而兼兩元，龍力悠遠不替矣。故目之曰真龍，極其贊美之辭也。此節言山者，皆指水，蓋平洋以水為山，水中即有山矣。[疏]山取其氣，水中亦有陽氣。輔星即是九星中左

三吉是就九星說。如取七運破軍之龍，七運以一運貪狼為父母，破軍取二星，貪狼取一星，故曰三吉。五吉者，本運取輔運，再合父母為五吉也。如七運以三運為輔，七運以一運為父母，三運以九運為父母，七運一卦收龍，一卦收水，再取父母一卦為三吉，再加輔運一卦，輔運之父母一卦，共成五吉。甥男之炘謹按：取輔運一卦者，輔運卦中有水現也，既有水現

對面即有龍氣隨之以注穴然則輔星一卦即是兩卦亦不必再取輔星之父母屢屢提醒元空大卦欲人借此啟悟也

此辨別卦例小遊年與此不同

形局九星在龍身上看行度

輔右弼蓋有二例一則九宮卦例以一白配貪狼二黑配巨門三碧配祿存四綠配文曲五黃配廉貞六白配武曲七赤配破軍八白配左輔九紫配右弼【疏】運合十輔星裝一九為弼為貪狼以此為天元龍提訣可也 此天玉經元空大卦本之定理也一則八宮卦例將輔弼二星并一宮分配八卦製為掌訣二十四山系於納甲之下互起貪狼為立向消水之用陽宅天醫福德亦同此訣竊以之彰往察來皆無明驗蓋即天玉所辨二十四山起八宮唐一行所造後人指為滅蠻經者也二說真偽判然不可誤認五吉即三吉蓋形局九星以水土金三

明明說從實推詳。不啻說夢。而後人妄作僞書。仍竟以干支牽扯爲卦。以禍當世。何昧昧也。

星爲貪巨武三吉。而輔弼爲入穴收氣之用。方位九星亦有三吉。雖以貪狼統龍。而每宮自有三吉。不專取巨武。此節天元宮兼輔爲五吉。中有隱語。非筆墨所能盡。旣云五吉。則分輔弼作兩星。以配九宮。其非八宮之訣明矣。若在人地兩元。別有兼法。見諸下文。此節以下所舉干支卦位。俱帶隱謎。若从寔推詳。不啻說夢。非楊公言外之奧旨矣。

辰戌丑未地元龍。乾坤艮巽夫婦宗。〔補註〕履在辰旁半巽。謙在戌旁半乾。噬嗑在近艮之丑。井在近坤之未。故曰夫婦宗也。

甲庚壬丙爲正向。脈取貪狼護正龍。〔補註〕甲庚壬丙。指乾坤坎離四卦。爲上四卦父母。又卽提貪狼四運六運主中元雖取輔星仍在一元之內氣不能通於他元故云逼隘必須取父母相爲救助以保延長雖如此云其實中元四六兩運四可同上元通用六可同下元通用雖云三元其氣分作兩元可也驗之舊墓有可必者

傳此取四季之支爲地元龍者亦謂此四支中有地元龍者存也此四支原在乾坤艮巽卦內故曰夫婦宗此元氣局逼隘不能兼他元爲五吉補此節論六運六可兼四然同在中元運中非兼他元也止取貪狼一星真脈入穴護衛正龍根本則卦氣未值其根不撥卦氣已過源長流遠斯爲作家妙用貪狼即在甲庚壬丙之中故但於此取正向乘正脈與天人兩元廣收五吉者有殊不言輔星輔弼已在其中故也楊公著書泛論錯舉之中其全針玉線一綫不漏蓋如此

寅申巳亥人元來補註指明夷訟需晉四卦爲例乙辛丁癸水來催

此書言御街御門皆指父母說寅申中有既濟未濟對數三七爲人元之主卦正屬坤艮中明夷訟二卦之父母若收明夷之水即并收未濟之水以聯母子之氣故曰申艮若收訟卦之水則兼收既濟故曰寅坤

補註體帖經文至微至密解釋精詳將經文用運用卦之法發揮淨盡一無餘義

補註指損咸益恒四卦爲三運之貪狼其實此四卦非上句四卦之貪狼也蓋上四卦爲天地水火此四卦爲雷風山澤不過錯舉爲例耳

更取貪狼成五吉

補註玩更字又謂若收七運八卦之人元龍當更取一運爲貪狼蔣註太滑下文自明蓋此節兼舉三七兩運之人元龍而言也

寅坤申艮御門開

補註如收三運寅中明夷之龍以同運對待而有宜收訟卦之水然此宮廣大兼容即收坤中蠱卦之水內取合五外取一六可也抑如收申中訟卦之龍而收艮中隨卦之水內取合十五外取四九均爲合法且不失爲本運合十之輔星也

巳丙宜向天門上　亥壬向得巽風吹

補註此用卦剪裁法也如龍水巳收七運同人師二卦而更有兩客水在壬丙巳亥之間或收作丙壬大有比二卦或收作巳亥需晉二卦俱收得清法宜去丙收巳去壬收亥夫大有與比豈非同運之卦乎然俱收同運一發如雷無以補救於將來況七運卦屬歸魂尤須輔弼爲功

人元龍是順推卦與天地兩元逆推卦不能通用故必取貪狼以成五吉而後可無發遲驟歇之弊
巳丙壬亥中間是兩儀分界小雜氣故曰陰陽差錯
要歸一路者取同運卦也兼取者取輔運卦也單收同運則一氣直達轉元無續故必取輔運以備轉元為先時補

傳此四孟之支亦屬四隅卦此四支中有人元龍者存也天元之後即應接人元楊公因三才三正之序顛倒錯列亦隱秘其天機使人不易測識耳此元龍格亦必兼貪狼而後先榮後凋若不兼貪狼慮其發遲而驟歇矣用乙辛丁癸水催之者謂此四水中有貪狼也此宮廣大兼容故旁及坤艮亦所不礙故曰御門開若是巳丙壬亥相兼則犯陰陽差錯之龍也法宜去丙就巳去壬就亥以清乾巽之氣此則專為人元辨卦而言處處欲要歸一路蓋一路者當時直達之機兼取者先時補救之道不直達則取勝無選

救之法故此章論七運人元必去丙就巳去壬就亥含同運大有此二卦不用丙取巳亥中三運需晉二卦為輔以補救於將衰為善後之良策

收坤中訟卦之水取寅中既濟為父母收艮中明夷之水取申中未濟為父母故曰御門

巳丙宜向天門上亥壬向得巽風吹二句補註言之甚精然尚有餘義未盡者不言巳丙向得巽風吹亥壬宜向天門上而曰巳丙向天門亥壬

餘不補救則善後無良策（此一段將用此要訣發揮詳盡）二者不可偏廢也。總觀三節支義乎午卯酉配乙辛丁癸辰戌丑未配乾坤艮巽為夫婦同宗。而寅申巳亥獨不配甲庚壬丙為夫婦則其本意不以甲庚壬丙屬寅申巳亥可知矣。蓋

疏 寅申巳亥與甲庚壬丙為陽儀陰儀分界之地故不相屬也 此正合天玉大五行作用而非十二支配十二干為一路之俗說也。故不曰寅申坤艮而曰寅坤申艮。非以寅為坤以申為艮也（巳丙向天門亥壬向巽風或曰此是指示對水認龍之法理亦近似）巳屬巽而丙曰天門亥屬乾而壬曰巽風顛倒裝成其說意微而且幻類如此。至其立言本旨不過隱然說出陰陽交互之象然篇中背錯舉名目不肯分

向巽風蓋言丙中大有三數
之卦宜用巳所向之亥中三
數之晉卦含壬中比七數之
卦宜用亥所向之巳中七數
之需卦故錯舉以見義
此句當傾開讀貪狼原是者
所取之貪狼不錯也貪狼不
錯則當發速何以發遲必穴
中坐向有病人未之知耳然
兼前兼後雖胎元不真而貪
狼力厚久久必發大約二十
四年氣行兩週方生貴子也

明至後節主客東西方露出端倪而終不顯言先賢
天機實不可浪洩洩之以救蒼生當可告無罪
之秘慎如此使我有浪洩天機之懼矣
貪狼原是發來遲坐向穴中人未知立宅安墳過兩
紀方生貴子好男兒
傳貪狼諸卦之統領得氣先而施力遠何云發遲此
何以知爲人地兼收玩經文殊無此義
言人地兩元兼收之脉不當正卦旁他涵蓄故力不
專是以遲也兩紀約畧之辭生貴子正見誕育英才
以昌世業隱含悠久之義非若他宮一卦乘時催官
暫發之比若夫應之遲速是不一端烏可執此為典
要也

立宅安墳要合龍不須撥對好奇峰主人有禮客尊
重客在西兮主在東

傳山龍真結必對尊星而後出脈或迴龍顧祖或
枝幹相朝先有主峰乃始結穴故必以朝山為重
非重朝山正重本身出脈真偽也平洋既無來落
但以水城論結穴水自水山自山雖有奇峰並非
一家骨肉向之無益故只以立穴處消詳堂局收（此數句是平龍一定不易之法讀者勿忽）
五吉之氣謂之合龍而不以朝山為正案也末二
句乃一篇之大旨精微元妙之談所謂主客又不
止於論向而指龍為主人向為賓客也主客猶云
夫婦實指陰陽之對待山水之交媾一剛一柔之（此以下是平地認龍一定訣法讀者）

平地本無峰時師指樓閣塔廟為峰真等癡人說夢客西主東與江西龍去望江東同義

平洋既無來落句從旁面開筆已坐實平龍不尋脉脊之義玩一既字下得鉄案如山毫無疑義

從立穴處消詳堂局收五吉之氣謂之合龍於此指示看此訣法從何下手

主客指陰陽之對待山水之交媾明明說龍與水對之義却引而不發

既字便字下得十分決斷，欲人不疑。陰陽二物，原是分不開合不上，如形之與影，見形即可知影，人所能明。今言有此主即有此客，有此客便有此主，蓋見有形之水，即知有無形之龍以隨之，故曰雖云二物，實一氣連貫，又云如影隨形，如谷答響云云，蓋極言其相應之確，欲人必信也。蔣子亦苦心哉。

姜子恐人不　平龍，將此書天下軍州總任空二語滑口

牝一牡（書熟玩深思以簡自得其妙），元竅相通皆在於此。言有此主既有此客，對水認龍之法言之諄諄。有此客便有此主，主客雖云二物（何世人仍不醒悟），實一氣連貫，如影隨形，如谷答響，交結根源，一息不離（還要說得如何明），非謂既有此主，乃更求賓實以對之也（悉如何實在）。東西蓋舉一方而言，亦可云主在西兮客在東，亦可云主在北兮客在南，主在南兮客在北。八卦四隅無不皆然。所謂陰陽顛倒顛也。自天下軍州至此，統論平洋龍法，其中卦位干支秘訣，總不出此二論，故於結尾發之，以包舉通篇之義，學者所當潛思而曲體之。姜氏曰：一自寶照發明平洋龍，劈開章直唱天下軍州總任空，何須撐著後頭龍，大聲疾呼，朗吟高

唱。此為楊公撰著此書通篇眼目振綱挈領之處。不可泛泛讀過。蓋平洋龍格舉世所以茫然者。只因俗師聾瞽。將山龍混入無從剖辨。觸處成迷也。平洋之作法既迷。并山龍之真格亦謬矣。其一并害其二矣。楊公苦心喝此二語。醒人千古大夢。使知平洋二宅。不論坐後來脈。凡坐空之處。反有真龍。坐實之處。反無真龍。與山龍之胎息孕育。截然相反。欲學者從此一關打得透徹。更不將剝換過峽高低起伏馬跡蛛絲草蛇灰線等字。纏擾胸中。

請問陰陽大交會處是甚麼

只在陰陽大交會處悟出真機。疏 余三年前曾將此註批駁近以天讀過特提出論之。并告人勿將剝換過峽等字纏擾胸中。只在陰陽大交會處悟出真機。而後平龍消息始無掛漏。倘不明此義。只將後龍來脈滕葛糾纏。則造化真機何從窺見。窮年皓首。空自茫茫。高山平洋總歸魔境。云云。真字字金針。聲聲棒喝。姜子數楊公度人心切。前贊後賢。心同一揆矣。

張子於對水認龍之法終屬隔膜觀來龍之剥換起伏可知矣一語卽可知其胸中終有個剥換起伏作纏擾而未能掃除淨盡盖由於對水認龍之所以然未能透徹了悟故猶失之茫然

對水認龍之真機余曾於天元歌論之盖陰陽感應本於天然不知者謂其玄妙知之者信其必然水爲陽陽中有真陰地爲陰陰中有真陽地中之真陽散漫平鋪在在皆是無所獨厚無所獨薄悠悠蕩蕩常與土膏之上天氣相連雖具生機勢常渙散乃忽有一條亮水透光閃漾自彼流來而地中真陽不暇少停卽往去應往之勢疾遂牽動大片瀰漫之氣隨之成縷續

下單州前後二節按之於地熟玩深求覺有至理非可以言語形容者蓋平洋州群城池全賴水神融結形勢瀠洄來源之合而分分而復合與趨局諸水交會於局前而來龍之剥換起伏可知矣消水之去而回回而復去與全局諸水大會於局後而下砂之兜抱逆轉可知矣所謂穴落於河圖之中莫問其 龍來何處故觀於水而龍與砂自在其中此真大元空之真機如諦也至拘拘專以目前閃漾透光折注有情之水論卦理較生尅猶屬中而下之地耳而泥於撑着後龍者更無論矣

後八卦九星干支方位以次而陳絲絲入扣平龍消息始無掛漏之虞平龍既無掛漏而山龍亦更無掛漏矣倘不明此義只將後龍來脈膠葛糾纏則造化真精何從窺見雖授之以八卦九星之奥亦無所施也窮年皓首空自茫茫高山平洋總歸

續相從蓋往應之勢疾而成溜故也往應者行至水邊遇其兜轉而真陽之氣不得不於此作盤旋止而不去矣有此一止而大片真陽之氣遂常循其成纏者時時相續對面之水雖有外節遶光無論二節三節其大片真陽中亦各隨其卦氣以相應而同蘊於穴中故兩界三叉接氣於幹幹來千里其氣皆注於三叉之口以感對面之龍而龍即應此千里之氣而力愈壯也

魔墳我於是益歎楊公度人心切也後篇所以覆舉二語重言以申明之意深切矣

此篇前十二句爲一章言深山支龍之穴中三十四句爲一章言幹龍脫殺出洋之穴此二章皆屬山龍後四十六句分七節爲一章言平洋水龍之穴

中篇

天下軍州總住空何須撐着後來龍時人不識无機訣只道後頭少撐龍大凡軍州住空龍便與平洋墓宅同州縣人家住空龍千軍萬馬悉能容分明見者猶疑慮龍不空時非活龍教君看取州縣場盡是空

兩水界龍連生窟者。窟謂三叉之口。蓋此口從幹水生來。由此而入。與兩界相連。龍從對面來。應入於兩界之中。為兩界兜收而止也。有此兩界而界外即為龍虎以衛穴。風從何而得乘之。故不畏也。

玩山龍只論脈來。平洋只論氣結二語。將來脈二字專屬於山龍。則平洋不論來脈可知矣。平洋特用氣結二字為

龍擺撥蹤。莫嫌遠來無後龍。龍若空時氣不空。兩水界龍連生窟穴。得水兮何畏風。但看古來卿相地。平洋一穴勝千峰

【傳】天下軍州二語。前篇已經喚醒。楊公之意。猶恐後人見不真信不篤。故反覆咏嘆。層層洗發。窮追到底。罄其所以然之故。又恐概說軍州大勢。尚疑人家墓宅或有不然。故指實而言。軍州如是。墓宅無不如是。只勸世人揀擇空龍。切勿取實龍作撐也。所以然者（看氣）何也。山龍只論脈來。平洋只論氣結。（來二字是指何物請細思之）空則水活而氣來融結。實則障蔽而生氣阻塞。肉眼但見漭漭平田。

無形可見史可知矣

此皆天玉等卷所已言無庸另解

總叮嚀在後空上

毫無遮掩疑為坐下風吹氣散之地不知水神界抱陽氣沖和平洋之穴無水則四面皆風有水則八風頓息所謂氣乘風則散界水則止古人之言正為平洋而發也

子午卯酉四山龍坐對乾坤艮巽宮莫依八卦陰陽取【補註】此指三合八卦五行陰陽差錯敗無窮百二十家渺無訣此訣元機大祖宗來龍須要望龍穴後若空時必有功帝座帝車並帝位帝宮帝殿後當空萬代侯王皆禁斷予今隱出在江東陰陽若能得遇此蚯蚓逢之便化龍

辨字固知道者。處處總提醒道字。

〔傳〕此明八卦之理。即前子午卯酉屬坎離震兑四卦。乾坤艮巽又四卦之義也。所謂坐對非指山向。蓋四正卦與四隅卦。兩兩相對。故云然也。八卦陰陽者。指八卦五行。以乾卦領震坎艮三男而屬陽。坤卦領巽離兑三女而屬陰。此先天之體。非後天之用。以之論陰陽。則差錯而敗不勝言矣。談陰陽者百二十家。皆此是彼非。渺無真訣。惟有元空大卦。乃陰陽五行大祖宗。聖聖相傳。非人勿示也。識得此訣。雖帝王大道。瞭若指掌。特禁秘而不敢言耳。楊公自言。既得真道。不敢炫耀於世。故披褐懷玉。把道無言。然天寶難秘。

此無非借干支指點六十四
卦之意。此言兩卦返收。即
返返起之法

惜而救世之心。未嘗少懈。曾於天玉經江東一卦諸
篇隱出其旨。世之好陰陽者有緣會遇。信而行之。頃
刻有魚龍變化之徵也。或云。楊公得道之後。韜光晦
跡。背其鄉井。隱於江東。俟考。

子午卯酉四山龍。支兼干出最豪雄。【補註】子兼癸為
顛復二卦。合一
六。午兼丁為姤大過二卦。合
四九。即返返起之法。餘倣此。乙辛丁癸單行脈。半吉
之時又半凶。【補註】癸字單行。為益屯二卦。丁字單行。
為恒鼎二卦。返收亦吉。然三合盤一字
有二卦。半若將丁字滿收。便有大坐向乾坤艮巽位。
過半卦在內。故又為半凶。餘倣此。
【補註】此節重演天元。指震巽艮兌四卦。為弼星。兼輔而
即為貪狼。不曰弼而曰輔。就俗法通稱也。
成五吉龍。

傳 此皆楊公隱謎舉四正爲例若得龍在子午卯酉四支長流不雜雖兼帶干位總不出本卦之內。其脉清純。故云最豪雄也。若乙辛丁癸雖屬單行未免少偏即犯他卦。所以吉凶參半也。言子午卯酉。而乾坤艮巽不外是矣。言乙辛丁癸。而甲庚壬丙不外是矣。辨龍既清。乃於諸卦位中。隨便立向則又以方員爲規矩而未嘗執一者也。

辰戌丑未四山坡甲庚壬丙葬墳多。補註 此節重演地元若依此理無差謬清貴声名天下無。爲官自有起身路。兒孫白屋出登科。八卦不是真妙訣。補註 地中生氣先天俱生故後天八

卦非元空真妙訣也時師休把口中歌敗絶只因用卦安何見
依卦出高官陰山陽水皆真吉下後兒孫禍百端水
若朝來須得水莫貪遠秀好峰巒審龍若依圖訣葬
官職榮華並可觀

傳此指四隅龍脈而言而舉辰戌丑未為隱謎也謂
此等得龍而取甲庚壬丙向者甚衆必須龍法純全
向法合吉毫無差謬而後清貴之名卓於天下也起
身路正指來龍之路八卦本是真訣而誤用則禍福
顛倒故云非妙訣後章八卦只有一卦通乃始微露
消息矣收水之法向云陽用陰朝陰用陽應乃卦理

水若朝來須得水可見水之得不得。不單在朝來。若陰陽元機不合。雖朝來亦不能得水之力。必朝來之水。收入元竅之中。陰陽交媾始為得水也。

騎龍走水交流補註云。皆係兩儀分界之地。故須以水界清始無差錯之弊。

至當不易之言。而竟有陰山陽水。陽山陰水反見災禍者。則辨之不真。陽非陽而陰非陰也。得水二字。世人開口混說。然非果識天機秘旨。收入元竅之中。雖三陽六建。齊會明堂。虎抱龍迴。涓滴不漏。總未可謂之得。若知得水真訣。即陰陽八卦之理。示諸斯乎。莫貪遠秀好峰。即上篇已發之義。致其叮嚀之意云爾。

元機妙訣有因由。向指山峰細細求。起造安墳依此訣。能令發福出公侯。真向支山尋祖脈。千神下穴永無憂。寅申巳亥騎龍走。乙辛丁癸水交流。補註此即重演人龙蓋此八龍在陽儀陰儀交界之地。如收寅中家人卦之龍。必須左派插斷甲中之豐卦。或豐卦有活水領來則更妙此之謂騎龍走水支流也非收寅申巳亥之龍必取乙辛丁癸之水為配也一說上文干支二字乃以一三七九生數四卦為干二四六八成數四卦為支接支山干神二句其義未盡總以十六父母為支餘卦為干始無遺義

若有此山并此水白屋科名發不休昔日蹤鍾扦此穴從此聲名表萬秋

傳 通篇皆言平洋此章乃插入山峰者何也蓋八卦九星乃陰陽之大總持故凡有山之水可以不論山而有水之山不能不論水若遇山水相兼之地未可但從山龍而論還須細細尋求亦必合此元空大卦之訣而後墓宅塵公侯也祖脈必要支山蓋從四正而論下穴立向則不拘干支矣此祖脈乃元空之祖

凡有山之水可以不論山而有水之山不能不論水此四語要言不煩學者當熟記之

祖脈非來脈言所用之一卦也故曰元空之祖脈

脉非山龍之來脈也讀者切勿錯認寅申巳亥乙辛丁癸俱屬易犯差錯之龍故曰騎龍走水交流文有殊義無別此山此水而科名不歇者不犯差錯故也孫鍾墓在富陽天子岡本山龍而收富春江長流之水故引為證

東龍須看坐正穴後若空時必有功州縣官衙為格局必然清顯立威雄苑蠡蕭河韓信祖乙辛丁癸足財豐亥壬豐隆興祖格巳丙旺相一般同【補註】二句互看亥不可雜壬而壬可收巳巳不可雜丙而丙可收亥與巳丙宜向天門上兩句義同

寅申巳亥等五吉乙辛丁癸四位通【補註】如收寅申巳亥等入亢龍

回龍朝祖元字水蔣傳謂前朝屈曲抱向穴後為回龍顧祖之格按抱向穴後合坐空之法穴場上必有一股小水與曲朝之水合作三叉於此則定卦處也

穴後有水度其中停坐為正穴無少偏側也坐正則受氣均此言向上之氣也

要兼收五吉須在乙辛丁癸四位中通消息也玩此節經文補一等字便知余註第一節人元龍較蔣註更為的當

紫緋畫錦何榮顯三牲五鼎受王封龍回朝祖元字水科名榜眼及神童後空已見前篇訣穴要窩鉗脈到宮試看州衙及臺閣那個靠着後來龍砂揖水朝為上格羅城擁衛穴居中依圖取向無差誤不是王侯即相公

傳 後空之旨屢見篇中而此章文反覆不已者蓋後空不但無來脈而已并重坐下有水乃謂之活龍擺撥而成真空有氣也故首句云坐正穴實指穴後有水取為正坐也古賢舊蹟往往如此偏地鉗所謂杜

水必抱成窩鉗之形取其有環氣砂揖水朝羅城擁衛水城論好自然有此形勢

甫盧同李白祖此又引苑蠡蕭何韓信總合此格下列諸千支言不論是何卦位只要合得五吉收歸坐後發福如許爾故下文即接回龍朝祖元字水分明指出前朝曲水抱向穴後乃回龍顧祖之格也神童黃甲必可券矣篇中又自言後空之訣已見前篇然恐人誤認只取坐後無來脈便云有氣不知穴後必須水抱成窩鉗之形而後謂之到宮若但云空耳非坐水之空空何貴焉砂揖水朝羅城擁衛皆就水神而論穴正居中指坐穴也此節直說出王侯將相大地局法非泛論也

天機妙訣與世俗之說不同蓋卦有八宮每宮八卦每宮雖是八卦而八卦中止有一卦相通蓋每宮每運有一卦也看此一卦是居於二十四山何干何支何卦之上以九星挨排必要相逢則同運之卦得矣若俗傳僞術不合天心大運安能取驗

天機妙訣本不同八卦只有一卦通【補註】如九運爲泰損既益等卦在乾爲天卦歌中各取一卦一線不亂乾坤艮巽躔何位【補註】看此一卦其躔在乾坤艮巽位中耶乙辛丁癸落何宮【補註】抑落在乙辛丁癸宮中耶甲庚壬丙來何地【補註】或來自甲庚壬丙地位耶星辰流轉要相逢莫把天罡稱妙訣錯將八卦作先宗乾坤艮巽出官貴乙辛丁癸田莊位甲庚壬丙最爲榮下後兒孫出神童未審何山消此水合得天心造化工【補註】天心斗杓所指之九運也

【傳】一部寶照經累下數千言皆卑合卑吐至此忽然從旁面說漏洩盡陰陽大卦不過八卦之理而篇中乃云八卦求八卦不是真妙訣以見六十四卦方爲真訣不是真妙訣者正爲不得真傳不明用卦之法故也

而其所以不明用卦之法者皆因泛言八卦而不知
八卦之中止有一卦可用故也大五行秘訣不過能
用此一卦即從此一卦流轉九星便知乾坤艮巽諸
卦落在何宮二十四干支落在何宮而或吉或凶指
掌瞭然矣俗師不得此訣妄立五行有從四墓上起
天罡以為放水出煞之用如何合得八卦之理夫收
得山來乃出得煞去不知一卦作用山既無從收一
卦不收諸卦干支又何從流轉九星求純棄駁而消
水出煞乎今人但知二十四山處處可出官貴處處
可旺田莊處處可出神童而不知二十四位水路交

讀此書者縱不知六十四卦
而全書中屢言八卦不可靠
讀者亦當因以生疑別尋真
訣奈何仍以八卦干支論生
尅衰旺造偽書以禍人耶可
歎可歎

生入魁入即消得此水出得煞去

馳也果下何卦收何山乃消得此水出得煞去【疏】註明更有收山出煞訣句下夫既不能收山出煞則其談八卦論干支皆胡言妄說而已何以契合天心而造化在手也天心即天運非善人合天之家不能遇也大五行所謂一卦即指天心正運之一卦也篇中露此二字其間元妙難以名言楊公雖指出天心一卦之端而其下卦起星之訣究竟未嘗顯言則天機秘密須待口傳不敢筆之於書也

姜氏曰篇中八卦干支縱橫錯舉原非實義細玩此節何位何宮何地等句即知經文皆屬活句非死句

作偽三元書者亦服見姜子此段議論吾奈何仍以八卦干支論三元也怪哉

城門一訣最爲良識哉爲良也

識得城門一訣。則諸法皆有入手處用以立宅安墳。有不吉昌者乎

也。我師於前篇註中切戒學者毋得執定方位意在此爾凡讀楊公書者。當知此意。非獨寶照而已天玉青囊無不皆然

五星一訣非真術。城門一訣最爲良。補註城門消水口也。註明青囊序水對三叉細認蹤句下。識得五星城門訣。立宅安墳定吉昌。堪笑庸愚多慕此。妄將卦例定陰陽。不向龍身覰出脈。又從砂水斷災祥。鈎松實照真秘訣。父子雖親不肯說。若人得遇是前緣。天下橫行陸地仙

傳前章既言一卦下穴收山出煞之義。此章又直指城門一訣。楊公此論。真可謂披肝露膽矣。蓋五星之

城門一訣為全書之總竅知得此竅則全書有用不知此竅如坐對荊山之璞雖知中有美玉直無下手處亦只空對祖頑石殼壺泣而已城門一訣與龍身出脉正是一家骨肉精神貫通能識城門乃能觀出脉能觀出脉便能識城門云云蔣子謂城門一訣為楊公披肝露胆之論蔣子因之遂亦披肝露胆說個洞快

用其要訣俱在城門識得城門而後五星有用於此作二宅無不興隆者矣城門一訣與龍身出脉正是一家骨肉精神貫通能識城門乃能觀出脉能觀出脉便能識城門故笑世人不識此秘而妄談卦例從砂水上亂說災祥也此以下皆楊公鏤精抉髓之言得此便是陸地神仙父子不傳夫亦師傳之禁戒如是豈敢違哉

世人只愛迴迴好不知水亂山顛倒時師但知講八卦卻把陰陽分兩下陰山只用陽水朝陰水只用陽山照俗夫不識天機妙自把山龍錯顛倒胡行亂作

吾嘗謂不知丹術不可以談地理蔣子亦每引丹家之言而於青囊首篇先整重題出道字今又引道德經以證玄關一竅可知地學非淺陋俗術所能窺其涯涘也常無欲以觀其妙者無極靜而含其竅也常有欲以觀其竅者太極動則顯其竅也老子曰玄牝之門是為天地根邵子曰天根月窟閒來往三十六宮都是春皆謂此竅也丹家謂之玄關一竅地理家則謂之玄竅相通要不過是個陰陽交媾而已天地陰陽之氣時時交媾而無形可見聖人以六十四卦懸象而著明之陽爻陰爻各各相對即交媾之義也亦即玄牝之義天根月窟之義也邵子言天根月窟又必

害世人福未到時禍先到

傳道德不云乎常無欲以觀其妙常有欲以觀其竅此正丹家所謂元關一竅大道無多只爭那些子故曰不離這個人身有此一竅天地亦有此一竅地理家須要識陰陽之竅今人只愛週迴好而不知那些子此子合得天機週迴不好亦好些子不合天機週迴雖好不合用矣陰山陽山陰水陽水皆現成名色處處是死的惟有那些子是活的此子一變陰不是陰陽不是陽陰可作陽陽可作陰故曰識得五行顛倒顛便是大羅仙世人不諳天機誤將山龍來脈牽

言三十六宮者蓋六十四卦卦各有反對惟乾坤坎離中孚小過大過頤八卦無反對有反對之五十六卦。兩卦合成一卦實在只有二十八卦。再加上無反對之八卦共成三十六卦故曰三十六宮此三十六宮之卦皆陰陽相對。時時相交養成一種太和之氣故曰都是春也丹家謂玄關一竅地理家玄竅相通無非謂陰陽交媾養成太和則天機即在此蔣子所謂那些子亦即是此。

此節首二句方將用卦真機隱隱道破又嫌太淺遂於第三句順手拈出陽水陰山四字把上兩句陰陽二字之義即便藏過遂令粗心人一意向這邊著想古人筆妙乃至如此

合乎陽理氣執定板格陰陽反成差錯乃真顛倒也本欲造福反以貫禍楊公所爲憫然於中而有是書也

陽若無陰定不成陰若無陽定不生陽水陰山相配合兒孫天府早登名

傳此節并下節尤爲全經傾囊倒篋之言而泛泛讀過則不覺其妙蓋舉平洋龍法穴法收山出煞八卦干支之理一以貫之矣孤陽不生獨陰不育此雖通論而大五行秘訣只此便了學者須在山水配合上着眼（龍水自然配合）（山向自然配合龍水與山向則須人配合之矣）所謂配合自然配合非尋一箇陽以配陰尋一

個陰以配陽也水即是陽山即是陰陰即是山陽即是水故只云陽水陰山而不更言陰水陽山知此可讀寶照經矣知此者亦不必更觀寶照經矣

都天大卦總陰陽玩水觀山有主張能知山情與水意配合方可論陰陽

【傳】急接上文都天大卦豈有他哉總不過陰陽而已真陰真陽只在山水上看而玩水觀山須胸中別自有主張此主張非泛泛主張乃乾坤真消息所謂天心是也山情水意四字全經之竅妙今人孰不曰山水有情意而不知世人所謂情意非真情意也識此

此節上二句陰陽二字是交媾之陰陽陽水陰山之陰陽是指水為陽山為陰非交媾之陰陽配合二字是配合交媾之陽陰

都天大卦即六十四卦天地之陰陽都包括在六十四卦故曰總陰陽六十四卦之陰陽洞明於心則玩水觀山吉凶立判故有主張然猶須識得山水之情意皆是山水有情意相通不相通之分擇其相通者合成一局自然靈氣一體相鍾而兒孫必貴矣

坍男之炘謹按同在一卦之中則情意相通一經出卦則情意不相通矣

平洋訣法說了千言萬語要不過賓主相交接而已相交接即是情意識得此賓主情意即是筠松真妙訣也

情意則是陰陽便成配合青囊萬卷盡在個中嗚呼
至矣

都天寶照無人得逢山踏路尋龍脈前頭走到五里
山遇看賓主相交接欲求富貴頃時來記取筠松真
妙訣

(傳)上文說到山情水意都天大卦之理盡矣此節又
贊歎而言此都天寶照不輕傳世若有人能得以此
觀山玩水一到山情水意賓主相交之處用楊公訣
坐扦之頃刻之間造化在手蓋一片熱腸深望人之
信從而發此歎也

三奇六儀九星九宮天干地支無非假是假託名目時師信以爲真誤人不少若能識得陰陽動靜都天大卦配合之義則生生之妙自在個中不尋即得矣

真奇門訣法是由都天大卦而來

動即是水靜即是龍一陰一陽兩相配合自具生生之妙其曰動靜即是山情水意山指龍言也曰即是城門一訣城門即是水所以認龍也曰即是收山出煞用一卦法收山謂龍出煞謂水也曰所謂龍到頭者此也龍到頭即穴水與龍對中間即穴也曰所謂龍身出脉者此也見水之動則識得龍之靜非龍身出脉而何曰所謂龍空氣

天有三奇地六儀天有九星地九宮十二地支天干十干屬陽兮支屬陰時師專論這般訣誤盡閻浮世上人陰陽動靜如明得配合生生妙處尋

傳 前篇贊歎已足終篇又引奇門以此論者蓋奇門主地從洛書來與地理大卦同出一原而時師用錯所以不驗惟有大五行是奇門真訣欲知此訣只在陰陽一動一靜之間求其配合生生之妙則在在有一陰陽非干是陽支是陰如此板格而已蓋動靜即是山情水意即是城門一訣即是收山出煞用一卦法所謂龍到頭者此也所謂龍身出脉者此也所謂

不空者此也水對面之龍本
是無形故曰龍空龍雖無形
而生陽之氣實止於此故曰
氣不空曰是名真賓主水
爲賓龍是主也曰是名真
夫婦龍水是對待之卦故爲
真夫婦曰是名真雌雄義同
上蔣子將全書所言之義統
攝於動靜二字之中乃鎔
鑄出全手段蓋左右逢源
之候也夫

龍空氣不空者此也是名真賓主是名真夫婦是名
真雌雄終篇又提出此二字與上篇第三章動靜中
間來一語首尾相應楊公之旨抑亦微之顯矣夫
姜氏曰中篇一十三節共一百四十六句皆申明上
篇第三章以下未盡之義以終平洋龍穴之變

下篇

傳上中二篇歷敘山龍平洋正變之旨自始至終有
本有末文雖斷續而義則相蒙下篇所言不過前篇
餘義而錯雜言之無有條貫每章各論一事文無承
接義無照應淺者極淺深者極深學者分別觀之可

此節重在真龍二字既經
法眼認得的確所以知此龍
虎飛必是曜氣然砂既飛走
必須水神曲抱彼此相救始
得煞氣不伸而穴氣始平亦
終不免离鄉之應
玩有似分飛句則此飛終與
走竄態度不同明眼人自能
辨別
穴前九曲水朝來自當中又
分從兩畔歸於穴後雖云龍
在水中而穴法趋前退後極
須斟酌或作騎龍或作攀龍
其中大有分寸未可粗心

也

尋得真龍龍虎飛水城屈曲抱身歸前朝旗鼓爲相
應下後離鄉着紫衣

傳此節專指山龍而言真龍之穴龍虎分飛非其病
也真龍行急龍虎之相隨亦急急則兩砂之末乘勢
逆回有似分飛昔人指爲曜氣正真龍盡氣發露之
象也然情既向外則人事亦應之主子孫他方發達
謂之離鄉砂也

乙字水纏在穴前下砂收鎖穴天然當中九曲來朝
穴悠揚潴蓄斗量錢兩畔朝歸穴後歇定然龍在水

甥男之炘謹按觀其堂局之開面審其穴星之肥瘦察其兩界之起止生意所在氣自隆隆天然之穴舉目自有不同處

此書前言只向水神朝處取今又說出內陽坐穴之法可見對水認龍不必拘定三叉爲城門故蔣傳曰內陽坐穴法正前篇所謂來龍正坐及城門一訣也證此可知余前論之不謬

中蟠若有聲爲數錢水催官上馬御階前

傳 自此以下八節皆平洋水局形體吉凶之辨此節言田水纏身之格歇在穴後正前篇所謂後龍空坐正穴也數錢水假借爲義俗而巧

安墳最要看中陽寬抱明堂水聚囊出夾結成元字樣朝來鸞鳳舞呈祥外陽起眼人皆見乙字纏身玉帶長更有內陽坐穴法神機出處覓仙方

傳 此言堂氣形局之美至於內陽坐穴法正前篇所謂來龍正坐及城門一卦之訣也非神機仙術烏足以語此

平地之穴最喜直水来朝催發最速或來自當面或來自四旁或來去在穴後無不得力然水之形体不同則禍福迴别此所謂直必窄狹粗硬陡坎峻巖若是寬舒柔嫩形如仰瓦兩岸無痕雖有十條直來必應吉余見平穴大發富貴者半是一條直水朝穴而來三四里長並無灣曲得運合卦無不立發者長一半里或百步亦可富貴水來轉處見真節透光數十步即發余親經驗者不計其數豈得反指為凶煞

水直朝來最不祥一條直是一條鎗兩條名為插脇水三條云是三刑傷四水射來為四煞八水名為八煞殃直來反去拖刀煞徒流客死少年亡時師只說下砂逆禍來極速忌堪當墳圳街路如此樣亟宜遷改免災殃

傳此節極言直來凶格蓋水神最忌木火以其有殺氣無元氣也縱屬來朝亦有損無益況諸路交馳漏風衝洩乎旺元猶可衰運無噍類矣

朱爾謨曰旺元猶可是蔣子偏重運處五論衰旺其煞立應

甥男之炘謹按直水催發家甥由數十年閱歷知之執此覆舊無不驗者數里之長或一半里之長皆能催發大富貴即數十步十步之長亦未有不發者靜海縣瓦子頭村岳姓墓在子牙河西岸癸山丁向河自南來忽在恒卦閃一直節透光約長十餘丈岳君元翼遂借鹺商發十萬之富且身居五品之職至今三十年未及換元其子孫遂敗尚有可支者亦拮据之甚蓋直水太短故也又大城王家口村王姓地亦在子牙河西畔乾山巽向河至向前閃一直節約長半里大畜泰卦双收下元時發者上元已敗有迎上元而發者至今尚富且貴由舉人任縣令小

按直水為木形水龍所最忌以其直硬不能蓄氣故不取之此節言水直朝來是向穴而來非橫過繞過可知其如此凶應者必其形忌為然余已於頂批論之余獨謂直朝為吉者蓋其形軟舒邊無痕迹形如仰瓦兩邊與高地相接無坎岸此種直水催發最速余經驗者甚多今略舉一二為證通州張燕謀祖地坐坤向乾之九四爻豫卦直水來朝長五里餘中深二尺許寬約兩丈上下形如仰瓦兩邊連接高地無痕直來至離穴十丈上下抱穴而轉經過堂前左手有小水一股合於履卦出口父母子息合局故能白

衣見天子富過百萬此直水來朝陰宅之一證也又見霸州莊頭村高姓其家於嘉慶道光咸豐之間富甲一州家有花園園有戲樓戲樓前樓環三面中樓下皆奇花異草騰驤躍驥賓客盈門乃治同治六年被馬賊刼搶由是遂零落光緒己卯余為友人相地至其處見高姓樓宇盡成瓦礫僅尚有瓦房一所花園戲樓仍在蓋有一支能以教讀為業故其宅尚存往觀其塋無甚奇處僅僅合下元旺氣而已不解其發富何以若是之雄也其村墟甚小四外曠野因為王姓看地至其村北王姓地卯山酉向前臨古河深

富者尚有多家其節略長既較悠久即此可知幹水不太闊亦能取用也

張蔭洲曰水閃直節最能催發此說雖為又元子創說然驗之於地未有不然者過得元者發失元者敗未見有直朝遭凶禍者蓋楊公所謂直朝不祥特形似一條槍者不祥耳非謂凡直朝皆不祥如此也敝鄉有李姓墓子山午向向前大過卦中有潦水成條長約里許深不過數寸其穴葬後不數年租種地畝田禾大收價且甚昂因得自買田若干畝連得收獲遂成小康不二十年乃大富來服車馬居然大家矣今轉上元遂漸凋敝尚有一支保小康焉蓋大過兼姤之故也

可丈餘寬約三十餘丈遠觀此河自西北來直趨東南此段直河約長八九里趨向東南直朝高姓之宅高宅兩旁小户房屋皆在此水線外受氣不着余遂置針盤於河之中心正是觀卦朝水不偏不斜全水皆在宅中滿收觀卦余遂知高姓之所以富也然僅得子息之氣故初交上元即敗如灰燼此直水來朝陽宅之一證也此外直水催發者不勝指屈余著有地靈存驗記備載其詳又反去之水其水之背凶不可當人皆知之然反水亦有發者惟不正居其背居其有梢初轉處者必發緣其得遇直節也歙縣某姓甥男之所謹按反弓之梢皆是直節故能催發然其氣終鮮沖和故出人多暴行常不軌也

張蔭洲曰此乃梢催發之宅
得力在直節長至陽宅氣
浮非大力搏承動者僅長半
里雖得運亦不能催發也

反弓之梢必發經驗甚多
以其得直節也
前水朝來穴前轉去偏轉去
抱穴後行仍為吉格擺頭者
朝到穴前轉身他去不適也
擺過頭去橫行他往者為擺
頭擺過頭來斜穿穴左右者
則為穿腸為撇裾皆主淫亂

地其穴居反弓之梢水初轉處發富甚雄然來源匪
王其人皆拔扈盖反氣不和故應如此此反水催發
陰宅之一證也又有文安縣石溝村其村前當大清
河其形反跳河流至村之東南角忽放直節長二三
里其姓宅居弓梢初轉處正得此二三里之直節遂
發大富名號不仁至今猶盛此反水催發陽宅之一
證也

前水來朝又擺頭淫邪凶惡不知羞乾水自是名繩
索自縊因公敗可憂

傳此曲水凶格水神雖以曲為吉然曲處須節節[illegible]

若繩索之形則凶長細硬者
也蓋淫邪自縊等凶不但理
氣上主之形勢上亦主之
水反則氣不融故有此凶應
水射當分形體形體惡者
始凶
反水氣散而暴敗必應此凶
疏言公位之法用之甚驗

齋乃合星格若擺頭斜去及如繩索樣或大或小或
疎或密或正或欹皆似吉而凶縱然發福必有破敗
左邊水反長男死右邊水射少男亡水直若然當面
射中男離鄉死道旁東西南北水射腰房房橫死絕
根苗貪淫男女風聲惡曲背駝腰家寂寥
左邊水反長男絕離鄉忤逆皆因此右邊水反少男
傷風吹婦女隨人走當面水反中切當斷定中男有
損傷在右中反房房絕切忌墳塋遭此劫
【傳】以上數節雖義淺而辭鄙然其應甚速以其切於
用也故存之惟公位之分不可盡拘耳【疏】左邊之震
為長男左邊

之坎為長男下之仲孫右邊之艮屬少男右邊之震
為少男下之長孫中男同例再以八震八坎八艮所
屬宮分支神合生肖斷
之無有不準三女倣此

一水裏頭名斷城下之雖發未為榮兒孫久後房房
絕水到砂收反主興

傳 平洋穴取近水三方皆可逼窄惟穴前明堂須寬
容不迫展舒穴氣若一水裏頭穴無餘氣雖環抱亦
不發若面前另一枝水到則又以接水呈秀其逼窄
之氣有所發洩反不為凶爾

茶槽之水實堪憂莫作蔭龍一例求穴前太偪割
唇腳不見榮兮反見愁

玩蔣傳穴前須寬容不迫
則水纏太近在穴前者為裏
頭蓋圓為裏頭橫直則割
腳矣
水抱太近另有一枝水到據
入抱水則有衝動之氣而穴
中之氣不鬱悶而惺忪故反
不絕且吉

硬直而深田而陡坎可知所以爲凶也

稱傳以急葬穴氣太逼爲凶亦是經驗之言若不逼近即可無凶

楊公前言直水之凶今又以直節爲吉可見余前論之不謬

元武水來直節對堂方爲真元武水方可坐正穴以收之

傳穴前池塘水聚天心名蔭龍水本爲吉局若硬直深坑形似茶槽既非佳格或明堂寬曠猶未見凶更加急葬穴氣太偪則有凶無吉矣同一穴前池水形局軟硬直穴緩急其應各不可不深辨也

元武擺頭有多般未可慳然執一端或斜或側或正出須憑直節對堂安擺頭直出是分龍須審何家龍脈蹤大山出脈分王訣未許專將一路窮

傳元武水來本合後空活龍之格宜爲正坐之穴矣然亦須詳其來法以辨純雜定吉凶未可執一也蓋水有偏出正出不同惟直節對堂安乃是真元武水

曲來直去即是分龍因一曲一直各收一卦故爲分龍若雖有曲直而仍在一卦之內即非分龍矣學者須知所來之直節寬大正坐固可收其中氣偏左偏右當相度其宜另擇一卦用之不可拘於正坐之一卦使左右兩穴所取之水有偏輕偏重之失

李

楊曰之炘謹按水有偏輕偏重者一邊水多一邊水少也水多之一邊必雜他卦之不純故須另擇一卦用之

若攏頭曲來而又直出前去一曲一直之間龍脈不一是謂分龍不必分兩道而後謂之分龍也須察其曲來是何脈直去是何脈細細推詳而後可定其何家蹤跡以便下卦若是大脉則不止一宮之氣正坐是一脈偏左又是一脈偏右又是一脈故云分三訣也論坐後之脈精詳曲當搜剔無遺乃至於此可謂明察秋毫者耶

崔止齋曰曲來何脈看水神曲處屬何卦路直去何脈看水神直處屬何卦路正坐一脈正坐一卦也偏左一脈偏左又一卦也偏右一脈偏右又一卦也然

非一水有五卦可收五穴可下也合他水與龍神細
細推詳而天然穴法既得天然之水法自見矣
家家積宦後高騰大陽不照太陰偏必主其家多寂
寞男孤女寡實堪嗟
傳此即後空之義因世人都喜後高故復叮嚀如此
人但知後高為有坐托不知其樞極陽光而偏照陰
氣生機斷絕人口零丁故有孤寡之應也可不戒與
予觀人家穴後有排空而三重纏山以補後托未有
不大損人丁甚至敗絕無後者利害攸關特為指出
此節單言平洋格法若是山龍之穴又以後高為大

合他水與龍神細推詳者
看眾水與龍交在何卦再定
此穴或之寬水應用何卦然
同一氣故天然穴法可得天
然水法可見

後高陰氣太重故主絕丁然
豈止後高即是兩旁高者亦
如之左高則左絕右高則右絕驗
之甚驗無不然者且所謂高
又必特地高聳且由穴場平
地斬高即主絕丁若有界水
高在界外無妨

陽正照而吉後空為失陷而凶謂有葬錯會也〔闢〕山之照

宜不若是甚也惟穴後退近有坐空或傾直言地必致敗絕無疑

姜氏曰首節言山龍後八節言平洋皆形局也

貪武輔弼巨門龍方可登山細認蹤水去山朝皆有

地不離五吉在其中

〔傳〕此節及下文九星皆指形局而言蓋見其星體合吉方登山而定其方位若形局方位皆吉即水去亦吉今人動云第一莫下去水地謬矣

宋國謨曰若平洋下去水地極宜審慎

破祿廉文凶惡龍世人墳宅莫相逢若然誤作陰陽

此節兩山字皆指水言書中此例甚多

須知此是形局星體

平洋去水非不可下但易敗耳

此合上節一言吉一言凶皆論行龍體格

木山本向。指同宮之卦言也。如乾為山則夬與大有大壯等七卦皆為納甲。夬龍與山向配合陰陽同宮之對向卦皆一体。所謂一卦之上再加八卦者是也。八卦既同一体。既是一家。如宗族之同祖。陰陽配合。爲有自相配合之理。先王定禮同姓不爲婚。即此義也。儻自生自配。則倫理亂而氣息乖。侵犯本根。搖動枝葉。故曰反吟伏吟。

宅縱有奇峰到底凶。

傳 此二節。專言平洋九星水。

本山來龍立本向。返吟伏吟禍難當。自縊離鄉蛇虎害。作賊充軍上法場。明得三星五吉向。轉禍爲祥大吉昌。

補註 此節龍穿不兼水論。不然坤龍乾水。坤乾均不立向。就四正而論。僅立坎離二向。就老少而論。僅立艮兌二向可乎。宜與通變諸格參看爲是。

補註 誤解讀者須知。

傳 本山本向。非子龍子向。丑龍丑向。倒騎龍之謂也。蓋指八卦納甲而言。

疏 如乾爲本卦。則乂乾卦皆爲納甲。餘倣此。山龍有納甲本卦向法。皆淨陰淨陽。其在平洋向法。反不拘淨陰淨陽。而以本卦納甲干支。

疏 一說納甲似專指天干。而又曰干支。蓋

此節余存疑甚久，先以張疏所言乞乾卦指外三爻言，總覺紕余。今始悟外三爻皆可立向，如乾山乾向水朝乾等格是也。後細讀蔣傳則可不犯本宮句，始大悟而知確是同宮之八卦也。蓋蔣傳一字不輕下，每下一字必有一字之義，非同他書之任意泛濫也。今將經文本山山字忽換以宮字，因不解之解妙於解矣。且余覆舊數十年，無見本宮之水立本宮之向者，莫不立見奇殃，亦可證實。於是知先王制礼倫理為重，有以哉。甥舅之所謹。按凡卦內卦兩爻連動為伏吟，外卦兩爻連動為反吟。伏吟者隱伏呻吟，反吟者反覆呻吟，凡情不暢則呻吟。反吟伏吟即內外不

蓋乾卦六爻即甲子甲寅甲申壬午壬申壬戌六干支是也。自下排上以斷生肖年分。讀乾金甲子外壬午等訣自明。一說如乾姤納甲午乙未，訟納甲申乙酉，遯納甲戌乙亥，各就方位所近類推生肖斷之。按後一說極有準驗

位位作返吟伏吟凶不可當三星與五吉不同

三星言龍体，五吉言卦氣。消詳龍体於卦氣之中，自有天然向法，可不犯本宮而災變為祥矣。只將本山山字換作宮字者，卻多少辨論

龍真穴正誤立向陰陽差錯悔吝生幾為奔走赴朝廷纔到朝廷帝怒形緣師不曉龍何向攢頭下了剝官星

傳此言龍穴雖真而誤立本宮之向，陰陽不和，至於剝官也。又提醒本宮二字，讀者着眼。蓋地理雖以龍穴為重，發與不發專由龍穴

安之象備自生自配情之不順可知內情不順則伏吟外情不順則反吟反吟伏吟內外不安如樹木擊其本則枝葉動搖故本山本向有此禍應

父母宗枝即謂水之大幹小幹大枝小枝之差別

而立向坐宮又穴中迎神引氣之主宰此處不清潔（又說出坐宮二字為不解之解）如玉之瑕不成美器矣致廣大而盡精微又何可不詳審也耶此所謂向非以山向五行起長生為消納也亦非小元空生出尅出生入尅入之說學者慎之

姜氏曰以上四節皆言平洋理氣之用

尋龍過氣尋三節父母宗枝要分別孟山須要孟山連仲山須要仲山接干奇支耦細推詳（補註：奇指生數四卦耦指成數四卦）節節照定何脈良若是陽差與陰錯縱吉星辰發不長一節吉龍一代發如逢雜亂便參商

傳　此等卦理中上二篇論之已詳反覆叮嚀致其深

大幹發久小枝發暫一定之理

平洋只取兩水相交為來龍行脈不在過峽上看脈看他終始一詞不改口供盖真口供無可改也

切之意又指明發福世代久暫之應全在龍脈節數長短故父母宗支要分別也

先識龍脈認祖宗蜂腰鶴膝是真蹤要知吉地行龍止兩水相交夾一龍夫婦同行脈路明須認劉郎別處尋平洋大水收小水不用砂関發福久水口石似人物形定出擎天調鼎臣

傳 此節兼論山龍平洋言山龍真脈則取蜂腰鶴膝為過峽而平洋則不然只取兩水相交為來龍行脈不在過峽上看脈也但須脈上推求識干支純雜夫婦配合之理如此宮不合又當別求他宮不可牽強

（指示用卦活法當求其自然配合牽强則必不應）

自看他又說出大水行龍收入小水結穴有此小水引動龍神千流萬派其精液皆注歸小水以蔭穴氣此平洋下穴秘旨一語道破混沌之竅鑿矣云云與余前所論者同出一轍否

大水與小水相交之處乃真龍之行真穴之止試問大水小水相交之處是三叉否是城門否蔣子於此只爲解釋經文不得不披肝露膽矣看有此小水收盡源頭一語則知兩界三叉能吸盡千里來源之精髓余已於前論言之

誤下故云劉郎別處尋且山龍取砂爲關而平洋不用砂關只要大水行龍收入小水結穴有此小水引動龍神千流萬派其精液皆注歸小水（平龍真訣指示明透）以蔭穴氣此疏節可移註青囊序水交三八要相過句下此平洋下穴秘旨一語道破混沌之竅鑿矣觀此則知所謂兩水相交非謂左右兩水會穴前而龍從中出謂之行龍也正謂大水與小水相交之處乃真龍之行真穴之止也既有此小水收盡源頭又何慮砂水之爲我用與否豈砂之攔阻能強之者耶人且不可強而況於水若水口捍門此山龍大地雄峙一方之勢蓋辦山所擬楊公秘慎之

不帶閡者不兼大小雜氣也

此龍字指水言水直朝來只要不帶雜氣其催祿催官甚速可証余所言直水催發之不謬

龍看到三節已為甚遠不必再求多節矣

吾互文隱意雖若互陳大旨偏重平洋而以山龍相映發以辨其不同途爾貴學者言外會心若不知剖析而視為一合之說將雜亂而無緒矣

龍若直來不帶閡支兼干出是福山立得吉向無差誤催祿催官指日間

傳此亦上下二篇所已詳蓋以四正為例而其餘自在言外非位位取地支也

乾坤艮巽騰過四節節同行不混淆向對甲庚壬丙水兜孫列土吏分茅仲山過脈不帶閡三節山水同到前斷定三代出官貴古人準驗無虛言

到此又說出內氣外氣四字
來外氣所以引內氣即所以
養內氣內氣注穴有用者
是內氣然無外氣則內氣
無由自足無外氣則內氣
直無以自存故善用穴者必
先認定外氣而配合得宜則
內氣自無不合矣

水來當面是真龍與前文只
向水神朝處取僞是穀精文
字同此句更覺顯露十分

〔傳〕此則單指四隅龍格反取干神並不言及辰戌丑
未則其非專重地支可知矣脉是內氣而向對之水
是外氣兩不相妨也楊公辨龍審卦之妙口口說重
地支而本旨實非重地支世人被他瞞過多矣豈知
一隻眼逗漏於此節學者其毋忽哉

發龍多向支神取若是干神又不同支若載干爲夫
婦干若帶支是兜龍〔補註〕註明乙辛丁癸單行脉句下
子癸爲吉壬
子凶〔補註〕如宜收震宮子癸龍而誤作
坤宮壬子龍收之則吉變爲凶矣　三字真訣在
其中〔補註〕申明上句吉凶二字可真可假宜活看不
是死句倘壬子爲吉則子癸凶矣即子字出脉
子字尋　乾坤艮巽天然穴水來當面是真龍〔補註〕是書精意
之意

龍求兩節即為合格真穴至於三節則為極大之局不必更求四節矣

在奧語天玉二卷然本旨每含而不露至寶照一卷尤為切近揆劉之書卷末獨揭此二語十分暢快十分顯露蓋上文俱借干支論卦理其本旨幾欲吐之幾復咽之作者喉舌間亦定多不快惟乾坤艮巽四字六十四卦有之三合盤亦有之更不必轉借干支名相一瀉其胸中欲言不言之旨何其快哉而閱者在暗中摸索多時亦忽如夜行得燈更盡見日庶可以深信不疑矣水來當面是真龍則直舉陰陽對待雌雄交媾之理一語道盡蔣傳石破天驚鬼當夜哭八字可作當頭棒喝推傳家本意何嘗過秘其說誠欲使人從此悟入人自不深求之耳

要識真龍結真穴只在龍脈兩三節三節不亂是真龍有穴定然奇妙絕千金難買此元文福緣遇者毋輕洩依圖立向不差分榮華富貴無休歇時師不明勉強扦雖發不久即敗絕

徐君亦善讀書者

徐藍衣曰。古書四卷可作一卷讀青囊經具綱領論陰陽五行八卦之氣寓之於地承之於天曾序與語分條目。論陰陽五行八卦之氣方位既定衰旺斯判天玉寶照互相發明天玉經大處落墨發明剪裁通變諸法之意多寶照經近處搜剔發明收山出煞諸訣之意盡編書次第亦宜細玩凡龍之去衰就旺配合有情是為收山水之避旺就衰去來合法是為出煞須於言外意會得之

占筮類			
1	擲地金聲搜精秘訣	心一堂編	沈氏研易樓藏稀見易占秘鈔本
2	卜易拆字秘傳百日通	心一堂編	
3	易占陽宅六十四卦秘斷	心一堂編	火珠林占陽宅風水秘鈔本
星命類			
4	斗數宣微	【民國】王裁珊	民初最重要斗數著述之一；未刪改本
5	斗數觀測錄	【民國】王裁珊	失傳民初斗數重要著作
6	《地星會源》《斗數綱要》合刊	心一堂編	失傳的第三種飛星斗數
7	《斗數秘鈔》《紫微斗數之捷徑》合刊	心一堂編	珍稀「紫微斗數」舊鈔秘本
8	斗數演例	心一堂編	
9	紫微斗數全書（清初刻原本）	題【宋】陳希夷	斗數全書本來面目；有別於錯誤極多的坊本
10－12	鐵板神數（清刻足本）——附秘鈔密碼表	題【宋】邵雍	無錯漏原版 秘鈔密碼表 首次公開！
13－15	蠢子數纏度	題【宋】邵雍	蠢子數連密碼表 打破數百年秘傳 首次公開！
16－19	皇極數	題【宋】邵雍	清鈔孤本附起例及完整密碼表 研究神數必讀！
20－21	邵夫子先天神數	題【宋】邵雍	附手鈔密碼表 研究神數必讀！
22	八刻分經定數（密碼表）	題【宋】邵雍	皇極數另一版本；附手鈔密碼表
23	新命理探原	【民國】袁樹珊	子平命理必讀教科書！
24－25	袁氏命譜	【民國】袁樹珊	
26	韋氏命學講義	【民國】韋千里	民初二大命理家南袁北韋
27	千里命稿	【民國】韋千里	
28	精選命理約言	【民國】韋千里	北韋之命理經典
29	滴天髓闡微——附李雨田命理初學捷徑	【民國】袁樹珊、李雨田	命理經典未刪改足本
30	段氏白話命學綱要	【民國】段方	民初命理經典最淺白易懂
31	命理用神精華	【民國】王心田	學命理者之寶鏡

32	命學探驪集	【民國】張巢雲	發前人所未發 稀見民初子平命理著作
33	澹園命談	【民國】高澹園	
34	算命一讀通——鴻福齊天	【民國】不空居士、覺先居士合纂	
35	子平玄理	【民國】施惕君	
36	星命風水秘傳百日通	心一堂編	
37	命理大四字金前定	題【晉】鬼谷子王詡	源自元代算命術
38	命理斷語義理源深	心一堂編	稀見清代批命斷語及活套
39－40	文武星案	【明】陸位	失傳四百年《張果星宗》姊妹篇 千多星盤命例　研究命學必備
相術類			
41	新相人學講義	【民國】楊叔和	失傳民初白話文相術書
42	手相學淺說	【民國】黃龍	民初中西結合手相學經典
43	大清相法	心一堂編	重現失傳經典相書
44	相法易知	心一堂編	
45	相法秘傳百日通	心一堂編	
堪輿類			
46	靈城精義箋	【清】沈竹礽	沈氏玄空遺珍 玄空風水必讀
47	地理辨正抉要	【清】沈竹礽	
48	《玄空古義四種通釋》《地理疑義答問》合刊	沈瓞民	
49	《沈氏玄空吹虀室雜存》《玄空捷訣》合刊	【民國】申聽禪	
50	漢鏡齋堪輿小識	【民國】查國珍、沈瓞民	
51	堪輿一覽	【清】孫竹田	失傳已久的無常派玄空經典
52	章仲山挨星秘訣（修定版）	【清】章仲山	章仲山無常派玄空珍秘 門內秘本首次公開 沈竹礽等大師尋覓一生未得之珍本！
53	臨穴指南	【清】章仲山	
54	章仲山宅案附無常派玄空秘要	心一堂編	
55	地理辨正補	【清】朱小鶴	玄空六派蘇州派代表作
56	陽宅覺元氏新書	【清】元祝垚	簡易・有效・神驗之玄空陽宅法
57	地學鐵骨秘　附　吳師青藏命理大易數	【民國】吳師青	釋玄空廣東派地學之秘
58－61	四秘全書十二種（清刻原本）	【清】尹一勺	玄空湘楚派經典本來面目 有別於錯誤極多的坊本

心一堂術數古籍珍本叢刊　第一輯書目

62	地理辨正補註　附 元空秘旨　天元五歌　玄空精髓　心法秘訣等數種合刊	【民國】胡仲言	貫通易理、巒頭、三元、三合、天星、中醫
63	地理辨正自解	【清】李思白	公開玄空家「分率尺、工部尺、量天尺」之秘
64	許氏地理辨正釋義	【民國】許錦灝	民國易學名家黃元炳力薦
65	地理辨正天玉經內傳要訣圖解	【清】程懷榮	秘訣一語道破，圖文并茂
66	謝氏地理書	【民國】謝復	玄空體用兼備、深入淺出
67	論山水元運易理斷驗、三元氣運說附紫白訣等五種合刊	【宋】吳景鸞等	失傳古本《玄空秘旨》《紫白訣》
68	星卦奧義圖訣	【清】施安仁	
69	三元地學秘傳	【清】何文源	
70	三元玄空挨星四十八局圖說	心一堂編	三元玄空門內秘笈　清鈔孤本 過去均為必須守秘不能公開秘密 與今天流行飛星法不同
71	三元挨星秘訣仙傳	心一堂編	
72	三元地理正傳	心一堂編	
73	三元天心正運	心一堂編	
74	元空紫白陽宅秘旨	心一堂編	
75	玄空挨星秘圖　附 堪輿指迷	心一堂編	
76	姚氏地理辨正圖說　附 地理九星并挨星真訣全圖　秘傳河圖精義等數種合刊	【清】姚文田等	
77	元空法鑑批點本——附 法鑑口授訣要、秘傳玄空三鑑奧義匯鈔　合刊	【清】曾懷玉等	蓮池心法　玄空六法 門內秘鈔本首次公開
78	元空法鑑心法	【清】曾懷玉等	
79	曾懷玉增批蔣徒傳天玉經補註【新修訂版原（彩）色本】	【清】項木林、曾懷玉	
80	地理學新義	【民國】俞仁宇撰	
81	地理辨正揭隱（足本）　附連城派秘鈔口訣	【民國】王邈達	揭開連城派風水之秘
82	趙連城傳地理秘訣附雪庵和尚字字金	【明】趙連城	
83	趙連城秘傳楊公地理真訣	【明】趙連城	
84	地理法門全書	仗溪子、芝罘子	巒頭風水，內容簡核、深入淺出
85	地理方外別傳	【清】熙齋上人	巒頭形勢、「望氣」「鑑神」
86	地理輯要	【清】余鵬	集地理經典之精要
87	地理秘珍	【清】錫九氏	巒頭、三合天星，圖文並茂
88	《羅經舉要》附《附三合天機秘訣》	【清】賈長吉	清鈔孤本羅經、三合訣法圖解
89-90	嚴陵張九儀增釋地理琢玉斧巒	【清】張九儀	清初三合風水名家張九儀經典清刻原本！

91	地學形勢摘要	心一堂編	形家秘鈔珍本
92	《平洋地理入門》《巒頭圖解》合刊	【清】盧崇台	平洋水法、形家秘本
93	《鑒水極玄經》《秘授水法》合刊	【唐】司馬頭陀、【清】鮑湘襟	千古之秘，不可妄傳匪人
94	平洋地理闡秘	心一堂編	雲間三元平洋形法秘鈔珍本
95	地經圖說	【清】余九皋	形勢理氣、精繪圖文
96	司馬頭陀地鉗	【唐】司馬頭陀	流傳極稀《地鉗》
97	欽天監地理醒世切要辨論	【清】欽天監	公開清代皇室御用風水真本
三式類			
98-99	大六壬尋源二種	【清】張純照	六壬入門、占課指南
100	六壬教科六壬鑰	【民國】蔣問天	由淺入深，首尾悉備
101	壬課總訣	心一堂編	過去術家不外傳的珍稀六壬術秘鈔本
102	六壬秘斷	心一堂編	
103	大六壬類闡	心一堂編	
104	六壬秘笈——韋千里占卜講義	【民國】韋千里	六壬入門必備
105	壬學述古	【民國】曹仁麟	依法占之，「無不神驗」
106	奇門揭要	心一堂編	集「法奇門」、「術奇門」精要
107	奇門行軍要略	【清】劉文瀾	條理清晰、簡明易用
108	奇門大宗直旨	劉毗	天下孤本　首次公開
109	奇門三奇干支神應	馮繼明	虛白廬藏本《秘藏遁甲天機》
110	奇門仙機	題【漢】張子房	奇門不傳之秘　應驗如神
111	奇門心法秘纂	題【漢】韓信（淮陰侯）	
112	奇門廬中闡秘	題【三國】諸葛武候註	
選擇類			
113-114	儀度六壬選日要訣	【清】張九儀	清初三合風水名家張九儀擇日秘傳
115	天元選擇辨正	【清】一園主人	釋蔣大鴻天元選擇法
其他類			
116	述卜筮星相學	【民國】袁樹珊	民初二大命理家南袁北韋
117-120	中國歷代卜人傳	【民國】袁樹珊	南袁之術數經典

占筮類			
121	卜易指南(二種)	【清】張孝宜	民國經典，補《增刪卜易》之不足
122	未來先知秘術——文王神課	【民國】張了凡	內容淺白、言簡意賅、條理分明
星命類			
123	人的運氣	汪季高(雙桐館主)	五六十年香港報章專欄結集！
124	命理尋源	【民國】徐樂吾	民國三大子平命理家徐樂吾必讀經典！
125	訂正滴天髓徵義		
126	滴天髓補註 附 子平一得		
127	窮通寶鑑評註 附 增補月談賦 四書子平		
128	古今名人命鑑		
129-130	紫微斗數捷覽(明刊孤本)[原(彩)色本] 附 點校本 (上)(下)	馮一、心一堂術數古籍整理編校小組 整理	明刊孤本 首次公開！
131	命學金聲	【民國】黃雲樵	民國名人八字、六壬奇門推命
132	命數叢譚	【民國】張雲溪	子平斗數共通、百多民國名人命例
133	定命錄	【民國】張一蟠	民國名人八十三命例詳細生平
134	《子平命術要訣》《知命篇》合刊	【民國】鄒文耀、【民國】胡仲言 撰	《子平命術要訣》科學命理；《知命篇》易理皇極、命理地理、奇門六壬互通
135	科學方式命理學	閻德潤博士	匯通八字、中醫、科學原理！
136	八字提要	韋千里	民國三大子平命理家韋千里必讀經典！
137	子平實驗錄	【民國】孟耐園	作者四十多年經驗 占卜奇靈 名震全國！
138	民國偉人星命錄	【民國】囂囂子	幾乎包括所民初總統及國務總理八字！
139	千里命鈔	韋千里	失傳民初三大命理家-韋千里 代表作
140	斗數命理新篇	張開卷	現代流行的「紫微斗數」內容及形式上深受本書影響
141	哲理電氣命數學——子平部	【民國】彭仕勛	命局按三等九級格局、不同術數互通借用
142	《人鑑——命理存驗・命理擷要》(原版足本)附《林庚白家傳》	【民國】林庚白	傳統子平學修正及革新、大量名人名例
143	《命學苑苑刊——新命》(第一集)附《名造評案》《名造類編》等	【民國】林庚白、張一蟠等撰	史上首個以「唯物史觀」來革新子平命學結集
相術類			
144	中西相人探原	【民國】袁樹珊	按人生百歲，所行部位，分類詳載
145	新相術	【美國】李拉克福原著、【民國】沈有乾編譯	通過觀察人的面相身形、色澤舉止等，得知性情、能力、習慣、優缺點等
146	骨相學	【民國】風萍生編著	結合醫學中生理及心理學，影響近代西、日、中相術深遠
147	人心觀破術 附運命與天稟	【日本】管原如庵、加藤孤雁原著，【民國】唐真如譯	觀破人心、運命與天稟的奧妙

148	《人相學之新研究》《看相偶述》合刊	【民國】盧毅安	集中外大成，無不奇驗；影響近代香港相術名著
149	冰鑑集	【民國】碧湖鷗客	各家相法精華、相術捷徑、圖文並茂附名人照片
150	《現代人相百面觀》《相人新法》合刊	【民國】吳道子輯	失傳民初相學經典二種 重現人間！
151	性相論	【民國】余晉龢	民初北平公安局專論相學與犯罪專著（犯罪學生物學派）
152	《相法講義》《相理秘旨》合刊	韋千里、孟瘦梅	命理學大家韋千里經典、傳統相術秘籍精華
153	《掌形哲學》附《世界名人掌形》《小傳》	【民國】余萍客	圖文并茂、附歐美名人掌形圖及生平簡介
154	觀察術	【民國】吳貴長	可補充傳統相術之不足
堪輿類			
155	羅經消納正宗	【明】沈昇撰、【明】史自成、丁孟章合纂	失傳四庫存目珍稀風水古籍
156	風水正原	【清】余天藻	●●積德為求地之本，形家必讀！
157	安溪地話（風水正原二集）		●●純宗形家，與清代欽天監地理風水主張大致相同
158	《蔣子挨星圖》附《玉鑰匙》	【清】蔣大鴻等傳	竅知無常派章仲山一脈真傳奧秘
159	樓宇寶鑑	吳師青	陽宅風水必讀、現代城市樓宇風水看法改革
160	《香港山脈形勢論》《如何應用日景羅經》合刊		香港風水山脈形勢專著
161	三元真諦稿本——讀地理辨正指南	【民國】王元極	被譽為蔣大鴻、章仲山後第一人 內容直接了當，盡揭三元玄空家之秘
162	三元陽宅萃篇		
163	王元極增批地理冰海 附批點原本地理冰海	【清】高守中 【民國】王元極	
164	地理辨正發微	【清】唐南雅	極之清楚明白，披肝露膽
165-167	增廣沈氏玄空學 附 仲山宅斷秘繪稿本三種、自得齋地理叢說稿鈔本（上）（中）（下）	【清】沈竹礽	玄空必讀經典！附《仲山宅斷》幾種鈔本及批點本，畫龍點晴、披肝露膽，道中刊印本未點破的秘訣
168-169	巒頭指迷（上）（下）	【清】尹貞夫原著、【民國】何廷珊增訂、批注	圖文并茂：龍、砂、穴、水、星辰九十九變 洩漏天機：蔣大鴻、賴布衣挨星秘訣及用法
170-171	三元地理真傳（兩種）（上）（下）	【清】趙文鳴	蔣大鴻嫡派真傳張仲馨一脈二十種家傳秘本、宅墓案例三十八圖，並附天星擇日
172	三元宅墓圖 附 家傳秘冊		
173	宅運撮要	【民國】尤惜陰（演本法師）、榮柏雲	撮三集《宅運新案》之精要
174	章仲山秘傳玄空斷驗筆記 附 章仲山斷宅圖註	【清】章仲山傳、【清】唐鷺亭纂	無常派玄空不外傳秘中秘！二宅實例有斷驗及改造內容
175	汪氏地理辨正發微 附 地理辨正真本	【清】蔣大鴻、姜垚原著、【清】汪云吾發微	蔣大鴻嫡派張仲馨一脈三元理、法、訣具體泄露 三百年來最佳《地理辦正》註解！石破天驚！
176	蔣大鴻家傳歸厚錄汪氏圖解	【清】蔣大鴻、【清】汪云吾圖解	
177	蔣大鴻嫡傳三元地理秘書十一種批注	【清】蔣大鴻原著、【清】汪云吾、【清】劉樂山註	

178	《星氣(卦)通義(蔣大鴻秘本四十八局圖并打劫法)》《天驚秘訣》合刊	題【清】蔣大鴻 著	江西興國真傳三元風水秘本
179	蔣大鴻嫡傳天心相宅秘訣全圖附陽宅指南等秘書五種	【清】蔣大鴻編訂、【清】汪云吾、劉樂山註	蔣大鴻徒張仲馨秘傳陽宅風水「教科書」！
180	家傳三元地理秘書十三種		真天宮之秘 千金不易之寶
181	章仲山門內秘傳《堪輿奇書》附《天心正運》	【清】章仲山傳、【清】華湛恩	直洩無常派章仲山玄空風水不傳之秘
182	《挨星金口訣》、《王元極增批補圖七十二葬法訂本》合刊	[民國]王元極	秘中秘——玄空挨星真訣公開！字字千金！
183-184	《家傳三元古今名墓圖集附謝氏水鉗》《蔣氏三元名墓圖集》合刊(上)(下)	(清)孫景堂，劉樂山，張稼夫	蔣大鴻嫡傳風水宅案、幕講師、蔣大鴻、姜垚等名家多個實例，破禁公開！
185-186	《山洋指迷》足本兩種 附《尋龍歌》(上)(下)	【明】周景一	風水巒頭形家必讀《山洋指迷》足本！
187-196	蔣大鴻嫡傳水龍經注解 附 虛白廬藏珍本水龍經四種(1-10)	【清】蔣大鴻編訂、【清】楊臥雲、汪云吾、劉樂山註	蔣大鴻嫡傳一脈授徒秘笈 希世之寶 千年以來，師師相授之秘旨，破禁公開！完整了解蔣氏嫡派真傳一脈三元理、法、訣！附已知最古《水龍經》鈔本等五種稀見《水龍經》
197	批注地理辨正直解	【清】章仲山	無常派玄空必讀經典未刪改本！
198	《天元五歌闡義》附《元空秘旨》(清刻原本)		
199	心眼指要(清刻原本)		
200	華氏天心正運	【清】華湛恩	失傳姚銘三玄空經典重現人間！名家：沈竹礽、王元極推薦！
201-202	批注地理辨正再辨直解合編(上)(下)	【清】蔣大鴻原著、【清】姚銘三再註、【清】章仲山直解	
203	章仲山注《玄機賦》《元空秘旨》附《口訣中秘訣》《因象求義》等九種合刊	【清】章仲山	近三百年來首次公開！章仲山無常派玄空秘密，和盤托出！章仲山注《玄機賦》及章仲山原傳之口訣及筆記
204	章仲山門內真傳《三元九運挨星篇》《運用篇》《挨星定局篇》《口訣篇》等合刊	【清】章仲山、柯遠峰等	
205	章仲山門內真傳《大玄空秘圖訣》《天驚訣》《飛星要訣》《九星斷略》《得益錄》等合刊	【清】章仲山、冬園子等	
206	撼龍經真義	吳師青註	近代香港名家吳師青必讀經典
207	章仲山嫡傳《翻卦挨星圖》《秘鈔元空秘旨》附《秘鈔天元五歌闡義》	【清】章仲山傳、【清】王介如輯撰	透露章仲山家傳玄空嫡傳學習次弟及關鍵不傳之秘
208	章仲山嫡傳秘鈔《秘圖》《節錄心眼指要》合刊		史上首次公開「無常派」下卦起星等挨星秘密之書
209	《談氏三元地理大玄空實驗》附《談養吾秘稿奇門占驗》	【民國】談養吾撰	了解談氏入世的易學卦德爻象思想
210	《談氏三元地理濟世淺言》附《打開一條生路》		
211-215	《地理辨正集註》附《六法金鎖秘》《巒頭指迷真詮》《作法雜綴》等(1-5)	【清】尋緣居士	集《地理辨正》一百零八家註解大成精華 匯巒頭及蔣氏、六法、無常、湘楚等秘本 史上最大篇幅的《地理辨正》註解
216	三元大玄空地理二宅實驗(足本修正版)	【民國】尤惜陰(演本法師)、榮柏雲撰	三元玄空無常派必讀經典足本修正版

217	蔣徒呂相烈傳《幕講度針》附《元空秘斷》《陰陽法竅》《挨星作用》	【清】呂相烈	蔣大鴻門人呂相烈三元秘本三百年來首次破禁公開！
218	挨星撮要（蔣徒呂相烈傳）		
219－221	《沈氏玄空挨星圖》《沈註章仲山宅斷未定稿》《沈氏玄空學（四卷原本）》合刊（上中下）	【清】沈竹礽 等	揭開沈氏玄空挨星五行吉凶斷的變化及不同用法 章仲山宅斷未刪本、沈氏玄空學原本佚文、玄空挨星圖稿鈔本 大公開！
222	地理穿透真傳（虛白廬藏清初刻原本）	【清】張九儀	三合天星家宗師張九儀畢生地學精華結集
223－224	地理元合會通二種（上）（下）	【清】姚炳奎	分發兩家（三元、三合）之秘，會通其用 精詳解注羅盤（蔣盤、賴盤）；義理、斷驗俱精
其他類			
225	天運占星學 附 商業周期、股市粹言	吳師青	天星預測股市，神準經典
226	易元會運	馬翰如	《皇極經世》配卦以推演世運與國運
三式類			
227	大六壬指南（清初木刻五卷足本）		六壬學占驗課案必讀經典海內善本
228－229	甲遁真授秘集（批注本）（上）（下）	【清】薛鳳祚	明清皇家欽天監秘傳奇門遁甲 奇門、易經、皇極經世結合經典
230	奇門詮正	【民國】曹仁麟	簡易、明白、實用，無師自通！
231	大六壬探源	【民國】袁樹珊	民初三大命理家袁樹珊研究六壬四十餘年代表作
232	遁甲釋要	【民國】徐昂	推衍遁甲、易學、洛書九宮大義！
233	《六壬卦課》《河洛數釋》《演玄》合刊		疏理六壬、河洛數、太玄隱義！
234	六壬指南（【民國】黃企喬）	【民國】黃企喬	失傳經典 大量實例
選擇類			
235	王元極校補天元選擇辨正	原【清】謝少暉輯、【民國】王元極校補	三元地理天星選日必讀
236	王元極選擇辨真全書 附 秘鈔風水選擇訣	【民國】王元極	王元極天昌館選擇之要旨
237	蔣大鴻嫡傳天星選擇秘書注解三種	【清】蔣大鴻編訂、【清】楊臥雲、汪云吾、劉樂山註	蔣大鴻陰陽二宅天星擇日日課案例！
238	增補選吉探源	【民國】袁樹珊	按表檢查，按圖索驥：簡易、實用！
239	《八風考略》《九宮撰略》《九宮考辨》合刊	沈𤀹民	會通沈氏玄空飛星立極、配卦深義
其他類			
240	《中國原子哲學》附《易世》《易命》	馬翰如	國運、世運的推演及預言